본격 한중일 세계사

05 열도의 게임

초판 1쇄 발행 2019년 4월 15일 **초판 6쇄 발행** 2023년 5월 1일

지은이 굽시니스트
펴낸이 이승현

출판2 본부장 박태근
지적인 독자 팀장 송두나

펴낸곳 ㈜위즈덤하우스 **출판등록** 2000년 5월 23일 제13-1071호
주소 서울특별시 마포구 양화로 19 합정오피스빌딩 17층
전화 02) 2179-5600 **홈페이지** www.wisdomhouse.co.kr

ISBN 979-11-90065-09-2 04900
      979-11-6220-324-8 (세트)

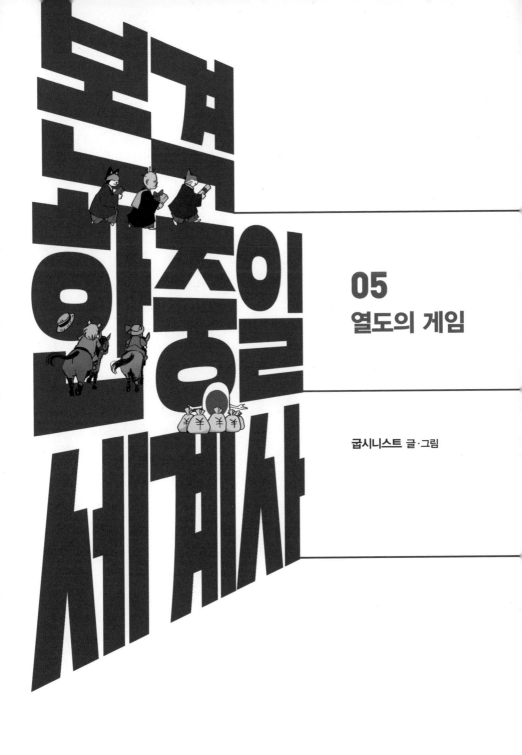

본격 한중일 세계사

05
열도의 게임

굽시니스트 글·그림

위즈덤하우스

머리말

성원해주신 덕분에 2019년에도 결국 이리 책이 이어져 나오게 되었습니다.

아련한 천국, 아편 연기 그윽한 오리무중 속 중원 천하의 천명을 더듬던 이야기는 결국 미세먼지를 견디지 못하고 바다 건너 열도로 향합니다. 열도의 박명 속에서 일본도의 희멀건 칼날을 막말(막부 말기) 난세의 핏빛 컬러가 더듬습니다. 이이 나오스케 사후, 난키파가 몰락하고 지방 세력들에 의해 히토쓰바시파가 대두합니다. 그렇게 정권의 중심으로 밀려 올라간 요시노부는 자신만의 정치 구상을 펼쳐나갑니다. 대충 그런 이야기가 챙강거리는 칼부림 리듬과 서양 군함들의 대포 소리를 BGM 삼아 펼쳐집니다.

일본도의 희번덕거리는 섬광만큼이나 저자를 두려움에 떨게 만드는 것은 일본어의 우리말 표기에 있어서의 곤란함입니다. 사실 국립국어원의 외국어 표준 표기법이라는 기준이 있긴 합니다만, 사람들이 널리 쓰는 통용 표기와 비교할 때 어색한 부분이 많아서 이를 모든 경우에 엄밀하게 적용할 수는 없었습니다.

이를테면 일본 요괴 '텐구'는 대부분 '텐구'라고 쓰지만 국립국어원 표준 표기법으로는 '덴구'라고 써야 합니다(사실 일본 네이티브 발음으로도 '덴구'에 더 가깝죠). 하지만 이 나라의 그 누구도 '텐구'를 '덴구'라고 안 쓰는 현실 속에서 제가 앞장서서 '덴구'라고 쓰기는 좀 거시기한 감이 있지요. 또한 일본 성씨 '쿠제'도 표준 표기법으로는 '구제'라고 써야 하지만, 한국에 이름이 알려진 '쿠제'씨들은 모두 '쿠제'로만 표기되어 있기에 '구제'라고 검색하면 구제 의류 쇼핑몰이나 구제역 관련주 검색어가 뜰 뿐입니다.

So- 일본어 발음 표기에 있어서는 되도록 국립국어원의 표준 표기법을 존중하도록 하지만, 그렇다고 이를 일괄적으로 엄밀하게 적용하지는 않고, 통용 표기가 우세할 경우에는 통용 표기를 적용했습니다. 결국 어물쩍 넘어가고야 말겠다는 의지가 아닌가 싶습니다. 사실 외국인들이 부산을 Pusan으로 쓰든 Busan으로 쓰든 적당히 어색하지 않게 뜻이 들어맞는다면 대충 괜찮은 일이지 싶습니다.

그리고 일본어 한자 명사를 쓸 때도 대체 어떤 기준을 세워야 할지 곤란했습죠. 천황은 덴노라고 안 쓰고 천황이라고 쓰면서, 왜 쇼군은 장군이라고 안 쓰고 쇼군이라고 쓰는가. 장관급 직책인 봉행은 봉행이라 쓸 것인가 부교라고 쓸 것인가. 초밥인가 스시인가. 닭도리탕인가 닭볶음탕인가. 이 또한 결국 대충 그때그때 어색하지 않은 표기로 적당히 쓰게 되었습니다.

지명 표기도 문제였습니다. 대마도를 쓰시마라고 쓰는 것까지는 좋습니다. 근데 히코지마같이 작은 섬을 이야기할 때, 그곳이 섬이라는 것을 알리기 위해 '히코지마 섬'이라고 쓸 것인가 '히코 섬'이라고 쓸 것인가, 아니면 그냥 '히코지마'라고만 쓸 것인가. 일본에는 섬이 아닌데도 가고시마처럼 '시마'가 붙는 지명들도 있으니 구분을 지어줘야 하지 않을까. 또한 오오사야마 같은 경우, '오오사 산'이라고 쓸 것인가 '오오사야마 산'이라고 쓸 것인가, 그냥 '오오사야마'라고만 쓸 것인가. 일본에는 그냥 지명 뒤에도 토야마처럼 '야마'가 붙는 지명들도 있으니 구분을 지어줘야 하지 않을까. 그리고 교토 궁성의 문 이름 같은 경우에도 '하마구리고몬'을 '하마구리고몬 문'이라고 쓸 것인가, '하마구리고 문'이라고 써야 할 것인가, 아니면 그냥 한자로 '합어문'이라고 쓸 것인가. 물론 이에 대해 걱정하지 않으셔도 됩니다. 이 또한 결국 일관적인 원칙 없이 대충 의미가 통하는 쪽으로 적당히 쓰기로 했습니다.

작가는 이렇게 대충-적당히즘에 대한 변명을 길게 늘어놓고 있지만, 출판사 편집진 선생님들께서는 탁월한 역량과 섬세한 손길로 이 책을 제대로 책답게 만들어 세상에 내어주셨습니다. 이 일관성 없는 만화 컷들을 지면에 재배치하고 텍스트를 옮기는 고단한 작업에 공을 아끼지 않아주신 편집 디자인 선생님들께 가장 큰 감사의 뜻을 올립니다. 감사의 마음을 담아 양과자 선물 세트를 전해드리도록 하겠습니다.

편집진에서 이리 찰떡같이 책을 만들어주시고, 또 이렇게 독자 여러분께서 읽을 만하다 하시며 손에 들어주시니, 종이책의 종말 운운하는 말세에 남은 마지막 인정이 졸저에 담김을 알겠습니다. 그 뜻을 부여잡고 이 책의 다음 권들이 계속 이어져갈 수 있도록 대충 적당히 노력하겠습니다.

2019년 4월

굽시니스트

차례

제 1 장

양쯔강 건너가 만나리

쑤저우 방어에 고심하던
모왕 담소광 앞에 나타난 서양인!!

前 상승군 지휘관 버지빈!!

아편도 안 되고, 도박도 안 되고,
술도 구하기 힘들고,
여자들도 상하이보다 별로야.

몸에 좋은
쑥차를 드세요.

사이비 광신도들이랑 지내려니까
머릿속이 점점 이상해지는 것
같기도 하고…

태평천국 붐은 온다!
이 책 5권 사라!!
다섯 권 사라!!

그리고 장군 직함만 그럴듯하지,
실제로 지휘할 직속 병력은 없고,
병사들 서양식 훈련만 맡고 있으니
병력 끌고 복수하러 갈 수가 없잖아!

폴짝   폴짝

버지빈은 2개월 만에
사표 쓰고 쑤저우를 탈출.

상승군에 항복하는 척하면서
상하이行.

1863년 6월, 나님은 난징 주변 강변 포대에서
장강에 들어찬 적 함대에 맞서 싸우고 있었죠.

저격수인
약혼녀 마리를 비롯한
동료들과 함께.

아무도 내게서
숨진 못해.

여기는 이제 위험해!
철수해야 해!

마카오의 포르투갈 공사 딸래미가
여친이고, 함께 태평천국에 가담해서
저격수를 하고 있다고?!

ㅇㅋ… 허언갤로.

마리!!!

적의 포격으로
마리를 잃었습니다.

그러던 중,

함선과 대포를 상하이에서 좀더 구해오면 좋겠는데…

제가 다녀오겠습니다!!

돈이 좀 부족한데;;

은행이라도 털죠, 뭐.

1863년 10월, 동료 Mr. 화이트와 함께 상하이에 잠입.

근데 어느 은행을 털지?

홍콩-상하이 은행이 곧 생길 거라던데.

저놈들 잡아라.

※ HSBC는 1865년 상하이에 설립.

하지만 곧바로 파워 체포.

아오, 쓰레기 용병 놈들 때문에 상하이 물 다 썩는다.

나님은 용병이 아니에요!!

하, 용병이 아니면, 뭐─ 저 미친 사이비 종교 교리에 감화된 독실한 신자신가?

이 저주받은 땅을 살리기 위해선 미친 사이비 종교라도 필요할 때가 있는 법이죠.

제3세계 종교─이념 광신도 집단에 감화되어 협력하는 서양 모험가들의 계보는 이후로도 쭈욱~

전쟁 범죄를 업 삼은 용병보다는 낫겠죠.

얼마 후, 버지빈은 미국 공사관에 넘겨지고 중국에서 추방당한다.

앞으로 중국 입국 금지!!! 귀국해서 남북전쟁에 참전해 명예를 되찾아라!

늬예 늬예~

橫浜行

BUT 미국으로 돌아가지 않고 일본行.

용병이 제일 싫어하는 게 공짜로 전쟁하는 거죠.

<hr>

몇 개월 뒤 수감으로
동료 화이트가 사망한 후,
린들리도 영국으로 추방.

충왕 전하!
전하는 쑤저우를 탈출해
천경을 지키러
가시옵소서!

모왕!

살아서라면 이곳에서 다시!
죽어서라면
천국에서 만나세!

어, 천국이
여기 아닌가요?
태평천국.

나라 이름을
잘못 지은 것 같아…

1863년 11월 30일,
이수성, 쑤저우 탈출.

후, 3년 전에
쑤저우 들어올 때는
신났는데.

담소광은 마지막까지
결사항전을 다짐—

우리 쑤저우 수비군이 이승에 남길 것은
구차한 삶이 아니라 깨끗한 명예요.
천국에서 얻을 것은
일흔두 명의 미녀로다.

저건 이슬랑
교리 아니여?

고영관 등의 부하들이 담소광을 배신, 살해.

배신자들은 성문을 열고 항복.

죄송합니다만, 저희는 이 세상에서 소소하지만 확실한 행복을 택하겠습니다;;

사실 며칠 전부터 이들은 고든과 내통하고 있었던 것!

모왕을 해치우고 성문을 여는 대가로 관직과 보상금을 좀 받을 수 있을까요;; 우리 장병들도 처벌 없이 다 살려주시고.

고든

슈에! 오브코싈! 당신들에 대한 보상과 선처는 영국 육군의 명예를 걸고 보장하겠소!

OK

1863년 12월, 쑤저우 함락.

나님이 손자병법을 좀 읽었죠!
피 흘리지 않고 거두는 승리가
최고의 승리라더군요!

...

저희 장교단 외에도
항복한 장병 1만여 명도
잘 챙겨주시옵기를
～ㅎ

...

자, 그럼 잠시 상하이에
군자금 정산 좀 하러
다녀오겠소이다～♬

이홍장은
배신 주모자들과 회식을 갖고,

원, 앞으로 잘 부탁드리는
의미에서
술 한잔 받자옵고자–

...

이홍장은 배신 주모자들을 모두 죽이고,

저;; 이래도
되는 걸까요;;

오장경(29세)   정여창(27세)

저놈들한테 줄 관직·포상금이 있을 리가 없지 않나.
약속했던 보상을 못 받는다면 저놈들은 이 지역에서
분명히 다시 들고 일어날 것이니 화근을 제거해야지.

그리고 우리 군량도 부족한 판에 저 포로 1만 명 먹일
식량이 어디 있어. 식량 부족으로 난동 피우기 전에
다 없애는 게 상책이다.

…고든이 신분 보장한 항복인데,
이리 다 죽여버렸으니
고든이 난리치지 않을까요?

뭐, 이런저런 사정을 고든이
알아듣게 잘 설명해야지.

며칠 후, 상하이에서 돌아온 고든, 분노 폭발.

이홍자아아아양!!!!!

음,
Mr. 고든…

내 명예를
걸레짝으로 만들었어?!!
날 배신했어!!!
당장 나와서 총 받아라!
결투다!!!!

고든이 이홍장을
쏴 죽여버리겠다고 날뛰고,

Mr. 고든… 고~
Go~ 고든, ㄱ~

이홍장은
고든을 피해
몸을 숨겨야 했다.

고든의 임무 종결까지 앞으로 반년.

제 2 장

천경 포위

1863년 12월, 쑤저우 함락을 뒤로하고 난징으로 귀환한 이수성.

난징으로 들어가려는 이수성의 눈앞에 펼쳐진 광경은

완성되기 일보 직전인 상군의 난징 포위망!

우화대 전투 이후
증국전은
난징 주변의 방어 거점들을
하나씩 차례차례 공략.

옛 강남대영의
진지들을
다시 접수한다!

1863년 말에는 이미 난징 열세 개 성문 중
열한 개 성문 앞을 상군 병력 5만이
봉쇄하는 포위망을 구축 中.

장강

난징

사실 저 난징 포위는
나님이 그간 그려온 대국적인
더 큰 그림의 일부일 뿐!!

포위망이
닫히기 직전에
난징으로 돌아온
이수성은,

천왕 폐하!!
이제 난징을 버리고
떠나셔야 합니다!

북쪽의 염군 영역으로 가든,
남쪽의 우리 잔존 영역으로 가든,
아무튼 포위망 닫히기 전에 빨리요!!

너는 어찌하여 그리 믿음이 부족하느뇨.
천경은 천하 만방을 다스리기 위해 터 지어진
하늘의 수도임을 모르느뇨.
짐이 천경에서 천하를
다스릴 것임을 모르느뇨.

뭣 같은 그 '뇨' 어미는
또 어디서 나온 걸까요.

"하늘의 내 군사는 물처럼 많으니 청 요괴 따위는 두려워할 것 없다."

…예 확실히, 이제까지 죽어서 하늘나라 간 우리 군사들이 바글바글하긴 하겠네요….

1864년 1월, 홍인간이 난징을 빠져나와 남쪽의 잔존 영역으로 이동.

도망가시는 거임?

선생님ㅠㅠ

난징에서 다 죽을 필요는 없지 않겠어요? 세자 전하 잘 부탁 드림.

이어서 이수성은 노약자들을 성에서 내보낸다.

전투에 도움될 것도 아니고, (식량만 축낼 거고) 성에 남아 있으면 죽게 될 거고.

난징을 빠져나온들 딱히 살길이 있을 것 같진 않은데….

1864년 1, 2월, 증국전이 포위망의
마지막 단추를 잠그기 위한 공격을 개시.

이에 이수성은 포위망을 깨기 위해
난징성 밖으로 마지막 출성 공격을 감행.

2월 28일, 출성 공격은
결국 실패로 끝난다.

1864년 겨울이 끝나면서
난징 포위망은 드디어 굳게 닫힌다.

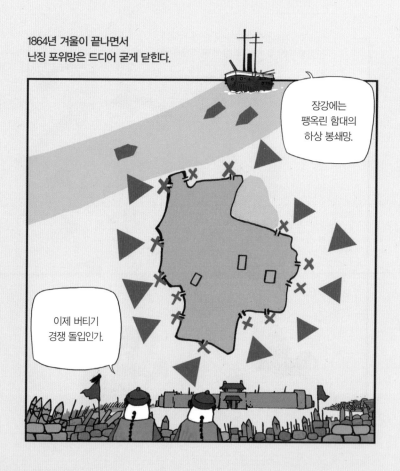

상군은 난징을 빙 둘러싸는
흉벽과 참호선을 건설.

이 포위선으로
연결된 보루가
120여 개.

참호의 흙을 퍼올려
흉벽과 보루를 세운다.
우리 보급관 님은 항상 전쟁은
삽으로 하는 거라고 말씀하셨지.

식량 문제지.

어째선지 난징의
주요 식량 저장고가 성 밖에
위치해놓은지라
금방 식량이 동이 났다…

…
이런 포위 수성전에서
가장 중요한 문제는−

XO장

다행히도
서양 상인들에게서
식량을 구입할 수
있긴 한데–

청 수군의 하상 봉쇄도
서양 상인들의 수완 앞에서는
별 소용이 없다.

이 식량 매수 작전으로 서양 상인들은 떼돈을 벌고
도시 주민들은 굶주림으로 죽어나간다.

그리하여 서양 상인을 통한 식량 조달도 어렵게 되었는지라 - 결국 성내 식량이 바닥나고 있습니다.

이제 식량 배급량을 반의 반으로 줄여야 하는 상황이 -

어찌 무엇을 먹을까 걱정하느뇨.

예? 맛나?

"너희는 모두 '만나'를 먹도록 하거라."

우걱 우걱

만나 ㅣㅁ

히브리인들이 이집트를 떠나 가나안 땅으로 가던 중, 먹을 게 없는 사막에서 하나님이 내려주신 신비한 음식!

살려고 먹긴 먹는다만 -

이거 정체가 대체 뭐냐;

※ 출처: 출애굽시니스트

고수풀 씨처럼 가늘고 희고, 기름에 튀긴 과자 맛이 난다던데.

아무것도 없는 사막에서 저절로 생겨난 저 만나에 대한 여러가지 가설이 있습니다.

진딧물 분비액이라든가 -

나무 수액 이라든가 -

발바닥 각질이라든가 -

천왕께서 말씀하신 만나는
우거지·쑥·고사리 등의 푸성귀를
뜻하는 것이다! 모두 푸성귀를
캐고 말려 식량으로 저장하도록!

발바닥 각질이
아니라 다행이네.

우걱우걱

난징 성내의 군민 3, 4만 명은
3월 이후 푸성귀로 연명하게 되고.

곧 교리에
채식주의도
포함되겠군요.

저 독한 놈들, 풀까지 캐어 먹고
성내 보리 농사지으며
버티는 걸 보니 올해 안에
함락은 힘들겠는데;

아니, 올해 안이 아니라,
올 상반기 내로
함락시켜야 될 거다.

엥? 그건
절대 무리!!

이 공성전은 공격해서 단기간에 뚫을 수 있는 게 아니라
포위해서 말려 죽이는 장기 공성전일 수밖에 없다고요!

041 제2장_ 천경 포위

난징 성벽은 천하 제일 탱!

우리 군이 가진 대포로는 저 웅후한 난징 성벽에 기스도 못 내기 때문이죠;

서양인들의 공성 중포 정도는 가져와야 난징 성벽을 무너뜨릴 수 있습죠!

근데 그런 중포 없잖아요!

꺅!

꾸궁

서양 대포 써서 난징의 장발적 쓸어버려라!

바로 그 부분 때문에 이번에 조정에서 이홍장에게 명해 상하이에서 회군 휘하 서양 포병대를 만들게 함.

포병대 지휘관으로 프랑스 장교도 모셔오고.

헐, 저 프로젝트를 이홍장이…

루이 피넬(Louis Pinel)
※ 근대 정신의학의 창시자 필립 피넬의 조카.

이홍장이 상하이에서 발을 넓히며
서양인들과 친목 친목 하는 걸
조정에서는 높게 평가하는 모양이야.

친목 친목?!
목을 쳐버린다!!

저 서양 포병대가 완비되어 난징으로 출격해
난징을 회군이 함락시킨다면,

난징 함락의
스포트라이트는
이홍장이 다 받겠지.

그러면 이제껏 고생한
너님은 뭐가 되겠냐.

헐;;

사령관으로서 나님은
서양 포병대가 완비되면 이홍장에게
출격 명령을 내리지 않을 수 없다.

그전에 네가 어떻게든 움직여야
다 된 밥을 챙겨 먹든 어쩌든 하겠지.

으엉;;

결국—

공격!
난징 공략은 고사전이 아닌
파성전으로 간다!!

예에에?!?!
그건 너무 무리인뎁쇼!

무리를 좀 해야겠다!!

1864년 봄, 증국전軍은 적극적인 공성을 개시.

난징성을 향해 30여 개의 접근 호를 판다.

그리고 접근호로부터
다시 성벽 밑으로 땅굴을 굴착.

성벽 밑에 화약을 매설한 후─

거대한 난징 성벽 밑에서 수십 차례 발파가 진행된다.

쿵

쿵
쿵

마치 성벽을 쿵쿵 두드려대는 것 같군요;;

태평천국 천경─ 천국의 문을 두드리는 소리인가…;;

쿵
쿵

…I feel I'm knockin' on Heaven's door.

knock knock knockin' on Heaven's door~

knock knock knockin' on Heaven's door

knock knock knockin' on Heaven's door

제 3 장

귀천

(풀독으로) 쓰러진 홍수전은 다시 일어나지 못하고,

평소 소신대로
약을 쓰지 않은 채
사경을 헤멘다.

면역력으로 다
이길 수 있다…

…이 모든 게 다 뭐였을까…

이 어마어마한 여정에
어찌 어떤 의미가 없겠는가…

초자연적인 힘이 아니었다면
어찌 여기까지 왔을 것인가.

초자연적인 힘이 있다면
어찌 이런 곤경에 처한 것인가.

이 모든 것은 정녕
상제 하나님 아버지의 계시였는가.

아니면 악마의 농간이었나.

천하의 똥멍청 사이비 교주 같으니라고!!
하나님의 계시도, 악마의 농간도ㅡ
그런 몽상은 실제로는 존재하지 않아!!

으헠;

이것은,
염라요괴?!

염라요괴가 아니라
문과 역사상 최고의 두뇌
카를 마르크스 님이시다!!

근간 《자본론》 탈고를
앞두고 있지!

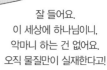

잘 들어요.
이 세상에 하나님이니,
악마니 하는 건 없어요.
오직 물질만이 실재한다고!

이전에 분명히 하나님도 만나고
신검도 받고, 악마 아자젤도
퇴치하고 그랬는데…;;;

대체 이 백성들은
1,700년 전 황건적 때랑 비교해서,

1,700년이라는 시간 동안 코딱지만큼이라도
머릿속에서 뭔가 계몽된 부분이 있나?!

이 대륙은 몇천 년간
이렇게 똑같은 쳇바퀴만 굴리고 있지!

※ 마르크스의 태평천국 평.

"보수적 허탈에 대한 추악한 기형적 형태의 파괴.
건설의 싹이라고는 전혀 보이지 않는 파괴."

억지로 의미를 찾자면, 무의미한 반복으로 가득 차 있는
중국인들의 역사책에 또 하나의 '교훈적 사례'의
사슬을 하나 추가하는 정도겠지.

지긋지긋한 루프로
계속 이어져가는
역사의 쇠사슬에
칭칭 감긴 대륙이예!!

나님이 그 사슬을 끊어낼
이성과 합리의
사도들을 보내주겠노라!!

그때라면, 수천만 인민의 목숨도
아깝지 않게, 의미 있게 쓰임받으리라.

으흙;;

마- 마 뭐시기라는 놈이 중국에서 또 수천만 명을 희생시키려 들 거야;;

예?

으엌; 어째서 판다곰들이 사람 옷을 입고 말을 하고 있지?!

홍수전은 혼수 상태에서 헛소리들을 계속 이어가다가,

"나님은 이제 천국으로 돌아 올라가 상제 아버지께 너희를 도울 천병을 내려보내달라 청하겠노라.

하늘에서 병사들이 내려와도 너희는 놀라지 말지어다."

공수부대인가?!

항저우

저 빛기둥은 뭐임요?

14년 전 시작된 피의 펌프질이 작동을 중단하는 것.

쑤저우

뭐, 전쟁도 거진 끝나가고 상승군도 해산하는 마당에 그만 화해합시다.

ㅎㅎ;

홍수전을 자연사하게 내버려둔 건 사실상 놓친 거나 다름없습니다.

안칭

마신이: 조정에서 상군에 꽂은 낙하산(빨대).

조정에서 이를 책할 것이온데, 부디 홍수전의 뒤를 이을 그 아들은 놓치지 마시길.

음….

홍수전의 뒤를 이어 아들 홍천귀복이 천왕에 즉위.

홍수전 사망 한 달 반 후,

상군의 폭파 작전으로
난징의 태평문 붕괴.

"주께서 야곱의 모든 거처를
삼키시고 긍휼히 여기지
아니하셨음이여.

노하사 처녀 유다의 견고한
성을 헐어 땅에 엎으시고
나라와 방백으로 욕되게 하셨도다."

무너진 성을 밟고 5만여 상군이 성내로 쏟아져 들어오고.

Finally!!

맹렬한 진노로 이스라엘의 모든 뿔을
자르셨음이여 원수 앞에서 오른손을
거두시고 맹렬한 불이 사방으로
사름같이 야곱을 사르셨도다.

062

난징의 태평군 병력은 3, 4천 규모로 줄어 있었지만,
아무도 항복하지 않고 시내 곳곳에서 치열하게 시가전을 이어간다.

동시에 난징성 내 곳곳에 대한 약탈과
민간인 4, 5만여 명에 대한 학살 진행.

약탈 대박 소문이 퍼지자 상군 장병들이 너도나도
진지를 이탈, 난징 성내로 난입.

太平天國†
1851. 1. 11. ~ 1864. 7. 19.

제 4 장

After
Heaven

난징성 함락과 약탈의 혼란을 틈타
홍천귀복과 이수성 등 수뇌부는
청 군복으로 갈아입고 말을 달려
난징성을 탈출한다.

하지만
이수성의 말이
근처 마을에서 쓰러져
이수성은 일행에서 낙오.

머리 변발이라도 했으면 안 들키지 않았을까요?

시골 마을에 숨어 있던 이수성은 며칠 후 지역 백성의 신고로 체포된다.

태평천국 충왕의 자존심이 있지 어떻게 변발을 하냐.

그리 잡혀온 이수성에게 증국전은 다짜고짜 칼질.

국화 형님의 원수!! 기타 등등 부하들의 원수!!

으어; 전쟁 중에 편이 달랐던 것뿐; 진정하시오!!

원, 이수성은 각종 고급 정보를 뽑아내고 베이징으로 보내야 할 거물 죄인이니 성급함을 감추십시오;;

음. 내가 좀 흥분했군. 미안하게 됐수다.

원, 증국전 저 양반은 전쟁만 잘하지, 달리 큰일을 할 사람은 아니구먼;

증국번은 이수성 심문을 위해
직접 독대.

물어볼 거리가 산더미긴 한데,
일단 간단한 것들부터
물어보자면─

'여와의 알'은
어디에 있지?

!!

※ 신물神物 여와의 알!:
　중국의 고대 시조신이 남긴 초진화 유전자 DB.

여와의 알은 포위 기간에
식량이 떨어져서
삶아 먹었소이다.

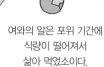

흙;

그러면 신검 운중설은
어디에?

식량 구입을 위해
영국 상인에게 팔았소.

전국 옥새는?

석달개가
들고 갔수다.

힉스 입자는?

포격으로
입자 가속기가
파괴되었소.

원, 이리 신물들의 행방에 대해
관심이 많으신데 도움을 못 드려
유감이긴 합니다만~

사실 증 대인께서는
굳이 그런 신물들의
힘을 빌리지 않아도~

…충분히 자격이
되시지 않습니까?

천자의 자격.

天命

천명을 받들어
제위에 오르셔야죠.
─폐하.

. . . . . .

사실 이전부터
이미 황제가 되라는
권유를 엄청 받았지.

책사·모사를 자처하는 어중이떠중이 꾼들이
여기저기서 몰려와 바람을 넣고 말이지.

나라는
내우외환으로
무너져가고,

금상은 태후들과
황숙의 손에 든 허약한
어린아이일 뿐이고,

증 대인께서는
양강총독이자 화중·화남
전체의 군권을 총괄하는
천하제일의 무력을
지니고 있으니,

하늘의 때와 사람의 놀임이 어찌 이처럼 기막히게 맞아떨어질 수 있단 말인가!

새로운 천명을 받들어 진명천자로서 한족중흥의 대업을 이루시오!!

그리 뜻을 굳히신다면, 나님이 태평천국 잔당 30만을 규합하여 증 대인의 베이징 입성에 앞장서리이다!

…나란 사람에 대해 좀 알아야 할 필요가 있겠군.

나님은 어린 시절 공부 머리가 좀 딸렸지.

君使臣以礼
臣事君以忠

君使臣以礼
臣事君以忠

君使臣以礼
臣事君以忠

간단한 구절 하나를 외우는 데도 밤샘을 해야 했음.

문간방에서 그리 같은 구절을 계속 되뇌일 때
도둑이 들었는데, 문간방에서 공부하던 나 때문에
지나가지 못하고 숨어 있었었나봐.

그러다가
결국 날이 새고—

도둑놈이 뛰쳐나와
뺨따귀를 날림.

그 정도로 공부 머리가 없는 나님이었지만—

어찌어찌 과거에 급제하고
한림원 학사도 하고 책도 쓰게 되었다.

어케 했노?!

그럴 수 있었던 건, 나에게 유교는
결코 단순한 공부 차원이 아니었기 때문.

유교는
내 우주의 모든 것을
규정하는 신념 체계!
내 영혼의 척추 뼈대!

은하계를 다 준다 한들 어찌
그 신념을 더럽히겠는가?!

얼씨구?

사탄아 물렀거라!!
어찌 유자를 이리 하찮게
시험코자 하는가!

아, 황제 안 해요!
안 해!!

선비된 자로서 **忠**!!

이 한 글자를 버린다면
그것은 자신의
존재 자체를 버리는 것!

나는 선비 증국번이다!

으ㅋ, 그런
이미지 관리용 멘트 말고
실질적인 이유는 뭘까요?

일단 거사를 일으키기에는 그 기반이 되어야 할 이 화중-강남 지역이 오랜 전란으로 너무나 헬이 되어 있는 상황이고.

거사의 동력이 되었어야 할 '멸만흥한' 에너지는 장발적 놈들이 먼저 다 빨아먹고 이미 다 똥으로 나와버렸어.

더구나 이제까지 '멸만흥한' 깃발 든 놈들
다 죽이고 다니던 나님이-

갑자기 '멸만흥한' 깃발 들고 거사를 일으킨다면
대체 누가 기꺼이 따르겠는가.

사실 멸만흥한이고 자시고 오랜 전란으로
백성들의 에너지는 고갈된 지 오래. 민심은 이제
어떤 기치에도 쉽게 반응하지 않을 것이다.

장발적 토벌 과정에서 벌인
수많은 학살도
민심을 흩어놓기에
충분했고…

특히 난징 점령 때의 대학살로
한족 중흥의 상징인 난징은 폐허가 되고
지역 민심은 완전히 증발했지!

아니, 형님, 더러운 일은
다 나한테 맡겨놓다가 이제 와서
내 탓하는 겁니까?!

그리고
우리 상군의 상태도
너무나 삐리한 것.
오랜 전란으로
사람도 물자도
다 방전 상태.

이제 드디어
전역이다…

이들을 다시 베이징까지 몰고 가는 건 불가능해.

그리고 좌종당·이홍장 같은 놈들은
이미 군벌 보스가 된 지 오래.

찬탈을 부추기지만, 조금만 틈을
보이면 바로 통수 칠 놈들이지.

아니, 무슨 그런
섭한 말씀을!!

이 모든 문제들보다 더 큰 문제는 바로 양놈들.

청조와 조약을 맺고 관계 시스템을 확립한 서양 세력은
청조의 중국 지배가 평온히 유지되길 바란다.

서양 세력이 청조를 지지한다면, 청조에 대한 어떤 반란도 성공 불가능.

…그런 짓을 했다가는 온 천하에 매국노로 찍힐 텐데,
잘도 황위를 차지할 수 있겠다.

결국 어떻게 따져봐도―

황제 즉위 루트는 없다.
가능성 제로.

그냥 욕심 부리지 않고
만고의 충신으로 남는 게
나라를 위해서나, 백성을 위해서나,
나 자신을 위해서나
최선의 길이야.

쳇,
쫄보 같으니.

그보다 이수성 씨,
장발적 전반에 관한
자술서를 좀 써보시지.

역사적 사건인데
충실한 기록을
남겨야 하지 않겠나.

어, 음;;
귀찮은데요;;

자술서 잘 쓰면 능지형을
참수형으로 감형해주지.

능지형

참수형

산 채로 이틀에 걸쳐
살점 수백 조각을 도려냄

…으크… 콜.

그리하여 이수성은 수만 자에 이르는 방대한 자술서 작성에 임한다.

1864년 8월 7일, 이수성 처형.

하지만 증국번은 그 자술서를 대대적으로 첨삭,
그리 편집된 자술서가 후대에 전해진다.

ㄴㄴ,
내 시각이지.

베이징 FM95.4
승격림심과
승보의 승승장구!

아무튼
이로써 드디어 길었던
태평천국 이야기가 대충
마무리되는 걸까요~

ㄴㄴ,
아직 좀 남았음.

양저우
푸커우
난징
진장
단양
창저우

일단 난징 탈출에 성공한
유천왕 홍천귀복은
후저우에서 홍인간과 합류.

선생님ㅠㅠ
다 망했어요ㅠㅠ

쑤저우
상하이
후저우
자싱
항저우

여기 후저우도 곧
함락 예정이니, 일단 머리를
좀 밀어야겠어요.

1864년 8월 말, 초군과 회군, 상첩군의 공격으로 후저우 함락.

홍인간과 홍천귀복은 도주하지만,

결국 두 달 후 체포.

1864년 11월 18일, 홍천귀복 처형.

11월 23일, 홍인간 처형.

"홍수전 아들까지— 장발적 수뇌가 몽땅 처형당했으니 이제 진짜로 끝?"

 "사실 끝이긴 한데, 아직 잔당들이 좀 남아 있어서 애매함."

이수성의 부하였던 시왕 이세현이 태평천국 잔당들을 이끌고 남쪽 복건성으로 내려가 세를 구축.

보니까 서양 놈들이랑 친하게 지내는 게 중요해.

하남·산동의 염군은 태평천국 잔당들을 흡수, 더욱 가열차게 날뛰어댄다.

이제는 아예 대규모 마적화.

"뭐, 저 잔당들이야 차차 정리될 거고,
이제 대충 태평천국 파트 끝내도 되지 않나요?
(솔직히 살짝 지겨웠던 감도…)"

 "음… 뭐 대충 정리할 얘기들이랑 기타 등등
etc− 해서 몇 페이지 안에 끝내는 걸로."

 "ㅎㅎ, 이제 발 뻗고 태평천국− 아니,
태평성대의 부귀영화를 누리며 살면 되겠군요."

 "…음. 아직 모르고 있는 건가…"

 "…뭘 모르고 있다는?"

 "…너님은 이미 1년 전에 죽었다는 사실을!"

 "WHAAAAAAAAAAAAAAAAAAAAAAT??!!!!!"

1년 전인 1863년 중반,
산서-섬서 지역에서 회족 반란 발발.

알라후아크바르!!

청군 장교 출신 **백언호**

"그리고 이 반란 진압을 위해 조정은
승보를 진압군 사령관으로 파견."

"…아."

하지만
승보는 졸전 끝에
회족 반군에게 패배.

더 센 놈
데려와라!!

"이 패전을 놓고 승보에 대한 책임론이 대두되고~"

승보가 그간 매수해 귀순시켰던 반군 두목들이
다시 말썽을 일으키기 시작한 것도 문제가 되고.

돈 내놔라!!

승보가 그간 저지른
각종 비리와 허위 보고 등의 죄목이
줄줄이 터져나오기 시작.

결국 조정은 승보에게 자결을 명령.

헉; 그것들을
왜 이제 와서;;

나라를 위해 몸 바친
대가가 비단끈이냐!

1863년 8월 31일, 승보 사망.

 "…사실 저 비리들을 태후마마께 찌르고
승보에 대한 탄핵을 주도한 건 나님이었음."

 "크아악!! 그간의 정이 있지,
어찌 그리 전우를 죽음으로 내몬단 말이오이까?!"

"너님도 나 제끼려고 정치 공작 벌였잖아.
이 모든 게 사실 궁정 권력 암투의 일부일지도…"

 "…親서태후파와 親공친왕파 간의 물밑 싸움에
나님이 희생된 것인가?!"

 "아무튼 그런 이유로 FM95.4 '승격림심과 승보의 승승장구'
코너는 폐지합니다."

 "윙? 나님이 아직 있는데 왜 폐지냐?!
나님 단독 진행으로 갈 수 있잖아!!"

 "…하지만 반년 후 승격림심도 결국…"

 "음? 반년 후 What?"

(1865년 5월, 염군에 패해 전사)

"길었던 장발적의 난이 드디어 끝나고
베이징에서는 축포가 하늘을 가득 메웁니다!"

신정권 초반부터
천하가 평안해지는군요!

"10년 넘는 전란으로 장강 유역은
시체가 산을 이뤄 지도를 새로
그려야 하는 지경인데 말이지…"

일설에는 태평천국 전쟁으로 인한
사망자 숫자가 1천만~3천만에 달한다고도 한다.

"3천만??!
1850년 중국 인구가 4억 3천만이었는데,
인구의 7퍼센트가 죽었다는 거임?!"

으어어어

조선이 두 번
사라질 분량이네…

당시 일본 인구 3천 200만.

조선 인구 1천 700만.

"무슨 기관총·독가스·전략폭격이 동원된 것도 아니고,
전쟁에 나선 병사 한 명당 100명씩 죽였다는 건가??!"

"종교적 광신과 역적 토벌이 부딪치다보니
성 하나 함락될 때마다 해당 지역의 씨를
말리는 학살 양상이 반복되기도 했고…

하지만 그보다 더 근본적인 떼죽음의 원인은
장강 유역에 너무 인구가 많았다는 거지."

장강의 풍요에 기대
억에 달하는 인구가
이리 밀집해 살아가는 건
인류 역사상 처음 있는 일.

지역별 식량 밸런스를 맞추기 위해 수많은 선박이
곡식과 각종 물자를 싣고 장강과 대운하를 오르내렸다.

남는 곳에서
부족한 곳으로.

이 유통 시스템이 장강변을 전장으로 삼은
태평천국 전쟁으로 완전히 붕괴.
저곳의 식량으로 이곳의 기아를 해결할 수 없게 된 것.

대나무라도
먹어볼까;

억 단위 인구가 제노사이드와
식량 물류 붕괴에 직면하면
3천만 정도 죽을 수도 있는 게
19세기 현대라는 거죠.

중화 5천년의 다른 시대들과
차원을 달리하는구나;;

이 생지옥을 벗어나기 위해 난민이 된 사람들 중
일부는 해외로까지 나가게 됩니다.

그나마 글로벌 시대라
다행이구나.

주로 이미 화교 사회가
형성되어 있던
동남아시아 쪽으로
많이 향해 농장과 광산의
저임금 노동자가 되고.

하와이의 사탕수수 농장이나 남미의 광산,

미국의 철도 공사 현장으로 향하기도.

태평천국 영역 백성들이
대규모로 잡혀와 인신매매로
해외에 팔려 나가기도.

노예해방 내전 벌이면서
인신매매 노예 노동자를
수입하는 건 뭐냐…

무비자 미국 이민
제공이지.

영국으로 돌아간 린들리가 고든을 상대로
그런 인신매매 의혹을 제기하며 비난.

중국에 있는 서양 장교들은 다 그런
더러운 사업에 한발 걸치고 있죠!

아니거든?!

"아, 고든은 진짜 그런 더러운 사업에는
손 안 댔을 거예요. 독실한 기독교인이기도 하고—

돈 욕심이 있었다면 귀국할 때 조정이 내린
포상금 1만 냥(수십억 원)을 사양하지 않았겠죠."

그 돈은 난민 구제에 써주시길.
저는 명예만 받겠습니다.

명예 제독 벼슬 수여.

"그러고보니 돈 밝히던 지휘관–버지빈은…"

 "버지빈은 요코하마에 웅크리고 있다가–"

1865년에 복건의 이세현에게 가담하려고
중국 밀입국을 시도합니다.

하지만 샤먼(아모이)에서 체포.

1865년 2월,
수로로 호송하던 중,
강물에 빠져 사망.

"…버지빈을 죽인 게
너님이라는 소문이 파다하던데."

"…글쎄요, 아무튼 악인에게 걸맞은
최후가 아닐 수 없습니다."

그 외에도 태평천국 최후의 순간까지
함께한 서양인들이 적지 않았으니.

그들을 이끈 건
모험심이었나,
돈이었나,
아니면 순진한
이상이었나.

하지만 이 전쟁으로 가장 재미 본 건
역시 상하이의 서양 상인들.

"서양인들과의 거래들 중 가장 큰 거래는
역시 오스본 함대 건이죠."

공친왕, 영국제 함선 일곱 척 구매!

※ 4권 12장 참조.

극지 탐험가 쉐라드 오스본을 제독으로 100여 명의 운용 인력이
일곱 척의 최신 함선과 두 척의 보급선을 몰고 중국에 도착.

1863년

로자리오급
증기 슬루프

하지만 오스본은 중국 측과
함대 지휘권 문제로
갈등을 빚게 되었으니—

엉?

중국이 구입한 함선이니
당연히 중국인이 제독이
되어야죠.

조정

↓

 흠차대신

일단 전쟁 지역인 강남의
총사령관 휘하 함대로 편성될 거고—

↓

 함대 제독

중국인 제독이 임명될 거고,

↓

 부제독

오스본 씨는 부제독으로
보좌해주시기 바랍니다.

※ 수사水師: 수군 사령부.

뭔 소리여!
중국에 현대 해군 지휘할
제독이 어디 있어요!?

거, 중국에도
전통 수사 있거든요?!

월○쉽 10리어
계정도 있거든요?!

저런 알못 지휘체계 걷어치우고,
그냥 조정에서 제독인 나님한테 바로
전략 목표 지시하면, 나님이 알아서
함대 지휘하고 작전 펼치면 됩니다!

조정

↓

 제독

현대 해군에 대해
1도 모르는 중국 님들은
일단 옆에서 닥눈삼 존중합시다!
(닥치고 눈팅 3년)

공친왕의 서양 기물 도입 정책에
꼰대들이 반대의 목소리를 높이고 있는지라−

서태후

영국 제독의 지휘는
체면이 서질 않는 것입니다.

결국 1864년,
오스본 함대는
영국에 환불 처리된다.

…너무 충동구매
했던 것 같아요;;
쓸 일도 없는데;;

퉤,
위약금이나 내쇼.

오스본과 휘하 인력들은
막대한 위로금을 받고 귀국.
함선들은 영국 정부가 매입.

막상 이리 거액을 받으니
살짝 미안한 마음도 들고,
중국인들도 좋은
사람들이었던 것 같고…

역시 사람 마음 푸는
최고의 약은 현금이죠.

이 오스본 함대 사건으로 인해
공친왕의 서양 문물 도입 정책 리더십에도
살짝 기스가 나게 된 것.

괜히 충동구매했다가
꽁돈만 날렸잖아.

…

외제좋아

공친왕
이름값 하느라
공치네.

하지만 베이징의 꼰대들이 서양 문물 도입을 뭐라고 까내리든,
남쪽에는 태평천국 전쟁 기간,
서양 문물의 세례가 흠뻑 쏟아졌습니다.

무기만 수입한 게 아니라, 아예 제조설비를 수입.
전쟁 기간, 강소·절강 지역에는 서양 총포류와
포탄 등을 복제 생산하는 무기 공방들이
상군과 태평천국 양측에 의해 수십여 개 난립했습니다.

그리고 전쟁이 끝난 후,
그 수십 개의 무기공방을
하나의 공사로 통합하는 임무를
나님이 맡게 된 것입니다!

이 군수 산업 육성이 이후
양무운동의 간판이 되는
것이올시다!

"양무운동?!"

"뭐, 양무운동은 다음 권에서 다룰 것이니,
이제 또 몇십 장 뒤에 이야기가 이어지겠습니다."

"…그리고 다음 권에서는 우리 모두
수염을 달고 나오는 걸로 정해졌다."

"으어어어어어어어. ㅇㅅㅇ"

MEANWHILE

시간을 3년 전으로 돌려,
태평천국이 아직 기세등등하던 1862년,

그 모든 난리를 주시하던 제3의 눈길이 있었으니.

쐐아아아

1862년 6월,
상하이에 입항한 낯선 깃발의 범선 한 척.

일본 막부 소속 관선
센자이마루!

千歳丸

중국 근황은 어떤지,
태평천국 전쟁은 어떻게 진행 중인지,
상하이 개항장은 어떻게 돌아가는지,
중국과 무역을 틀 수 있을지 등등을
알아보기 위해 보낸 다목적 조사선이죠.

(이수성軍의 2차 동정 공세가
절정에 달했던 때)

막부 조사단의 단장은 계정(국장급) 네다치 스케시치로.

이하 막부 관리들, 나가사키 상인들, 해군 전습소 학생들,
각 번에서 파견한 번사들 등.

리볼버! 리볼버!

조슈 번 번사 **다카스기 신사쿠**(23세)

> 원, 먼 길 오셨는데 상하이 인상이 어떠십니까?

> 상하이 쩔어!! 완전 서양 분위기!!

> 삐까번쩍한 서양 상관들과 수천 척의 배를 보니 서양의 실체를 간접적으로나마 실감하겠어요!!

그에 대비되게 중국인 거리에는 버려진 시체와 똥 천지.

> 토 나와;;

미친 광신도 반군에 맞서는 청나라 군사는 척계광 시대 그대로 낡은 무기를 든 산송장일 뿐, 군인다움은 전혀 찾아볼 수 없다.

106

시내 어디에도 서양을 배우기 위한 책은 없고
여전히 한시 입문서 같은 것들로만 가득 차 있으니
중국이 산 채로 썩어가고 있음을 알 만하다.

일본 놈들,
200년 만에 와서
한다는 소리가…

너무 막말
아닌가요;;

너무 맞말이오!

해국도지 원본
구해보려고 해도
절판돼서 없더만.

아무튼 일본인들은 저 범선을
어떻게 몰고 오셨나요?
서양 배를 제법 다루는 듯?

해군 전습소에서 항해를 배운
학생들이 이제 좀 있으니까.
뭐, 일단은 영국인들이
코치하는 대로
여기까지 오긴 했지만.

제 5 장

으어어어
견미사절단

에도 시나가와
1860년(만엔万延 원년) 2월,

2년 전에 맺은
미·일 수호통상조약의
비준서 교환을 위한
방미사절단이 출발한다.

사절단의 정사에
외국 봉행(외교부 장관급)
신미 마사오키.

부사에 외국 봉행
무라가키 노리마사.

하지만 이 사절단의 진짜 중핵은
정사·부사가 아닌 자네다.

이이 나오스케

오구리 다다마사小栗忠順(33세)
견미사절단 감찰관

1860년 2월 9일,
사절단이 탑승한
미 군함 포하탄 출항.

사령관은 태트널 제독.

1855년, 막부가 나가사키에 해군 전습소를 창설한 이래 5년 동안 적잖은 숫자의 항해 인력을 양성할 수 있었습니다.

호위대 사령관
기무라 가이슈(30세)

나가사키 해군 전습소 前 감독관.

해군 전습소 출신 인력들의 기량으로 태평양 횡단이 가능할 것인지 이번 기회에 시험해보는 거죠.

선장에는 군함 조련소 교수 가쓰 가이슈!

통역에는 존 만지로!

사령관 비서는 난학 수재 후쿠자와 유키치!

가쓰 가이슈(37세) 존 만지로(33세) 후쿠자와 유키치(25세)

후쿠자와 군의 영어 실력이 좋다기에 비서로 데려왔지.

페리를 상대로 통역했던 모리야마 선생 문하에서 제대로 배운 영어입죠~!

으음…

물론 일본 항해 인력들의 실력을 100퍼센트 확신할 수 없기 때문에
미국 선원들도 몇명 고용했죠.

그렇게 포하탄 호와 간린마루는
태평양을 건너 샌프란시스코로 향하는데ー

폭풍우로 인해 포하탄 호는
하와이로 향하고,
간린마루는 샌프란시스코로
직행하게 된다.

우린 휴게소 좀
들렀다 갈게.

그리하여 3월 18일, 간린마루, 샌프란시스코 입항.

우웨에에에에엑

이 얼마 만의
샌프란시스코인가!

If you're going to San Francisco~♬
Be sure to wear some flowers in your hair

간린마루 일행은
포하탄 호의 도착을 기다리며
샌프란시스코에서 빈둥빈둥 체류.

시장 주최 만찬에
참석하기도 하고.

SAN FRANCISCO

여기저기 관광!
견문 넓히기!

일본뿐 아니라 동양 전체가 함께 썩어가던 그 200년!

그걸 평온이라고 부를 수 있다면 그딴 평온, 동양 천하에서 다시는 찾아볼 수 없도록 찢어발기겠습니다!

...

※ 후쿠자와와 가쓰는 성향이 안 맞아 서로 평생 경원시했다고 한다.

열흘 후인 3월 18일, 포하탄 호, 샌프란시스코 입항.

하와이는 어땠습니까?

훌라 댄스라고 들어보셨는지.

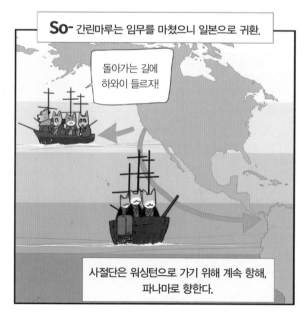

So- 간린마루는 임무를 마쳤으니 일본으로 귀환.

돌아가는 길에 하와이 들르자!

사절단은 워싱턴으로 가기 위해 계속 항해, 파나마로 향한다.

파나마는 파나마 지협 철도를 이용해 통과.

으어어어어어

철마다!! 철마!!

대서양 방면에서 미 군함을
타고 북상, 워싱턴으로!

으어어어어어

국회의사당이다!

5월 15일, 워싱턴 도착.
의장대 환영 퍼레이드.

(국회의사당은
아직 공사 中)

오구리는 해군 공창 방문 기념으로 나사를 하나 챙겨간다.

언젠가 일본에도 저런 공장을 세울 수 있기를 기원하며…

아무튼 '으어어어'거리기만 할 게 아니라 미국에 온 진짜 목적-임무를 수행해야지…

필라델피아 조폐국行.

Philadelphia
Mint choco

조폐국에는 왜?

나님의 진짜 임무는, 일본의 화폐 교환비 문제로 인한 금 유출 사태 해결!

이를 위해 조폐국에서 그 문제를 실증! 미국에 호소하는 것입니다!

What?

이게, 뭔 문제인고 하니-
1858년에 미·일 수호통상조약을 맺으면서,

국제 무역은 현재
다 은으로 이뤄지고
있습니다.

금으로 하면
안 될까요?

아니, 너네 덴포금화는 금 함량
56~57퍼센트에 품위가 들쑥날쑥해서
무역 용도로 쓰긴 좀 그래요.

그리하여
무역은 은으로 하기로 결정.

은화로 대충 때려
맞춰서 거래합시다.

음…

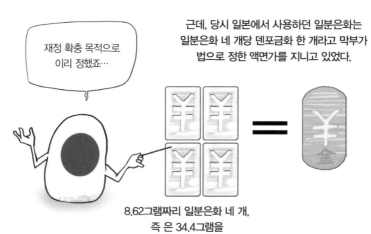

근데, 당시 일본에서 사용하던 일분은화는 일분은화 네 개당 덴포금화 한 개라고 막부가 법으로 정한 액면가를 지니고 있었다.

재정 확충 목적으로
이리 정했죠…

8.62그램짜리 일분은화 네 개,
즉 은 34.4그램을
11.24그램짜리 덴포금화 한 개
(금 함유량 6.4그램)로
바꿔준다는 것.

이는 약 **5.4 : 1**의 은-금 교환비.

그런데 당시 일본 나라 밖, 은-금 교환비의 국제 시세는ㅡ

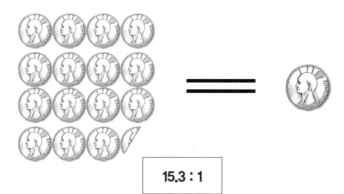

15.3 : 1

So-

외국인이 개당 27.21그램짜리
멕시코 은화 네 개(108.84그램)를

일분은화
열두 장(103.2그램)으로
환전하고-

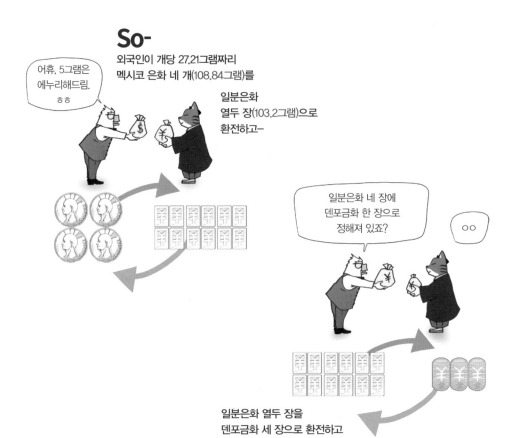

일분은화 네 장에
덴포금화 한 장으로
정해져 있죠?

○○

어휴, 5그램은
에누리해드림.
ㅎㅎ

일분은화 열두 장을
덴포금화 세 장으로 환전하고

덴포금화
세 장(33.72그램)의
금 함량은 19.22그램.

이 19.22그램의 금을
상하이에서 국제 시세대로
은으로 환전하면-

양놈들이 또
새로운 꼼수를
찾았구먼...

294그램! 여기에 금화에 함유된 은 14그램을 더하면-

308그램! 멕시코 은화
11.3개 분량!

122

환전 세 번 만에 은이 거의 세 배로 뻥튀기!!!

이것이 덴포코인!!!
엔 캐리!!
외환의 미래!

이 환율 버그에, 서양인들은 선교사도 군인도 외교관도
다들 체면을 던져버리고 미친듯이 달려들어
엔 캐리 환치기에 몰두.

재팬
골드러시다!!

지팡구가 괜히
지팡구가 아니구먼!

서양에서 갑자기 일본 붐이
흥한 이유가 이해가 가네ㅋ

으어;; 이러지 말고,
환전은 무역 전용 은화로
따로 하면 안 될까요;;

ㄴㄴ, 그런 건 조약 위반임.
이 교환비 문제는 너네 화폐가
잘못된 거니 너네가 해결해야죠.

일본 온 천하 다이묘·백성 들의 현금 자산을 한방에
3분의 1로 평가 절하시켜버린다는 조치가 가능할 리가 있나.

그러면 일분은화를 대체할,
국제시세에 맞는 액면가의
은화를 발행할 경우, 막부가 환전에서
엄청나게 손해를 보는 건 차치하고,

그리 주조할 은 보유량이
일단 부족해;;

때문에 일단 미국 쪽에 이 화폐 교환비의
부당함을 알리고 양심에 호소하기 위해,

우리 은화와 금화의 무게와 품위를 측정,
그 교환비가 국제시세에 비해 얼마나
낮게 책정되어 있는지 실증하기 위해
조폐국을 찾은 겁니다.

아 뇨, 그런 일이;
나도 일본에나 갈 걸;;

자, 보십시오!
이 교환비 5.4:1의
참혹한 현실을!!

오, 계산
빠르다;

아아, 이것은
주판이라는
것입니다.

조폐국에서 일본인들의 계산 실력은
미국인들의 감탄을 자아냈지만.

어쨌든 간에, 일본 국내
통화 문제기 때문에
우리가 뭐 어떻게 양보해야 할
이유는 없을 것 같아요.

쳇, 미국 놈들,
덕이 없구나…

결국
이 금 유출 문제는─

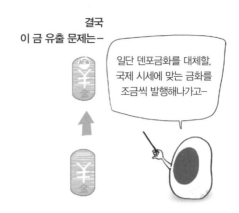

일단 덴포금화를 대체할,
국제 시세에 맞는 금화를
조금씩 발행해나가고─

일본인들도 바보가 아닌 이상, 금을 쟁여두는 게
이득이라는 걸 깨닫는다. 이후 금값 정상화가 이뤄지면서
대충 1861년 무렵이면 진정된다.

교훈: 금은 언제나
승리한다.

하지만 이 시기
일본에 유입된 막대한 은으로 인한 인플레이션이 발생.
막부 말기 혼란의 경제적 이유 중 하나로 꼽힌다.

아니, 금화 구경도 못 해본
서민 밥값이 왜 금화 때문에
오르는 거야?!

임무를 마치고
귀국하기 위해 뉴욕으로 간 사절단.

뉴욕에서 세계 최대 선박- 그레이트 이스턴 호 목격.

배수량:	간린마루	620톤	그레이트 이스턴
	포하탄	3,765톤	**2만 7,400톤**

놀란 가슴을 품고 6월 29일, 뉴욕을 출발.

1860년 11월 9일, 사절단, 시나가와로 귀국.

그래도 역시 일본인은
쌀밥에 된장국이
그리운 법.

뭐, 그간 일본에는
별일 없었나.
농사는 풍년이고?

아, 저 그게;;

사절단 출국 한 달 후에
이이 공께서 자객들에게
목이 잘려 시해당하셨습니다;;

으어어어어어

제 6 장

슬픈
언약식

1860년 3월,
이이 나오스케의 사망 이후,

선임 로주인
안도 노부마사가
로주 수좌로서
정국 수습에 나선다.

으어; 이이 공;; 오버하다가
결국 그리될 거 같더라니;;

경호원들

安藤 信正 안도 노부마사(41세)

히토쓰바시파에 유화적인
쿠제 공을 로주로 입각시켜서
함께 난국을 헤쳐나가보리다!

나님은 안세이 대옥에
반대하다가 쫓겨났죠.

안도-쿠제 정권

久世 広周 쿠제 히로치카(42세)
시모우사 세키야도 번주

130

이이 암살을 계기로
그의 강경 노선은 폐지되고
추종세력은 축출됩니다.

오죽 인심을 잃었으면 그리
암살을 당한단 말인가.

암살 같은 거나 당해서
막부의 권위에 크게
폐를 끼쳤어.

아니, 암살당한 것도
억울한데, 암살당했다고
정치적으로 까이기까지?!

칼로 찌른 놈도 죄인이지만 그 칼에 맞은 놈도
죄인이라는 것이 사무라이 정서법.

무사는 이유 없이 칼을 휘두르지 않는다.
고위 정치인이 칼을 맞았다면
그건 정치를 잘못했다는 방증이지.

뭐 이런 미친 정서법이;
빨리 서구화해야겠어;;

아무튼 간만에
정치 상황을 되짚어보고
뭘 어떻게 헤쳐나가야 할지
궁리해봅시다.

1860, 61년 현재
정치 상황.

쇼군 이에모치(15세)

이이 암살을 계기로 중앙 정치에서 난키파는 몰락하고
히토쓰바시파가 다시 힘을 얻기 시작.

다이묘들

막신

하급 막신 실무진들은 정치 상황이
어떻게 돌아가든 개국과 근대화
준비에 여념이 없습니다.

여러 번들 중에서도
서남 웅번들이
산업 진흥과
군제 개혁을 통해
크게 굴기한다.

힘의 차이가
느끼하십니까!

이들은 이제 공공연히 조정과 직통 연락을 하며
조정 정치 참여로 세를 과시한다.

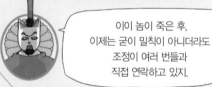

이이 놈이 죽은 후,
이제는 굳이 밀칙이 아니더라도
조정이 여러 번들과
직접 연락하고 있지.

조정의 귀족 가문들은 제각기 막부, 웅번 가문들과
혼인 동맹을 맺고(연가) 조정에서 그들의 입장을 대변하고 있다.

그리고 이 게임 피라미드의 가장 아래에서는, 250만 사무라이의
뱃속에 가득 찬 존왕양이 이념 에너지가 임계치에 도달.

식민주구
막부 타도!

제국주의
양놈 박멸!

재팬 쇄국
어게인!!

각 번의 번주들은 권력 강화와 자신들의 야심을 위해
번사들의 그런 에너지를 부추기기도.

막부의 약화로 우리 번의
독립성, 무역 자율성을 꾀하자.
물론 양이-쇄국은 어리석은 소리지만,
지금은 이용 가치가 있지.

그러면서 몇몇 번에서는 행정 실무를 장악한
존왕양이 번사들에 의해 번의 정무가
좌우되는 조짐이 보이기 시작한다.

번정 실무를 담당하는
젊은 하급 사무라이들이
죄다 운동권이니,
결국 번정 자체가
우리 손에 떨어질 수밖에.

그 과정에서 각 번마다 보수파와
운동권들 간의 갈등이 빈발했으니.

이미 보수파와 운동권들의 상호 칼부림으로
내전 양상을 보이는 미토 번처럼.

미토 번 前 번주
도쿠가와 나리아키가
사망하면서 번정은
더욱 통제력을 잃고—

원, 그 요괴 영감
드디어 죽었구먼.

크아아악!! 이이 이 자식!!
지옥에서 다시 보자!!!

아버지!!

1860년 9월,
도쿠가와 나리아키,
심근경색으로 사망.

미토 번의 존양 번사들은 번내 갈등으로 계속 탈번.
낭인이 되어 전국으로 퍼져나갑니다.

가자!
임금이 계신
교토로!!

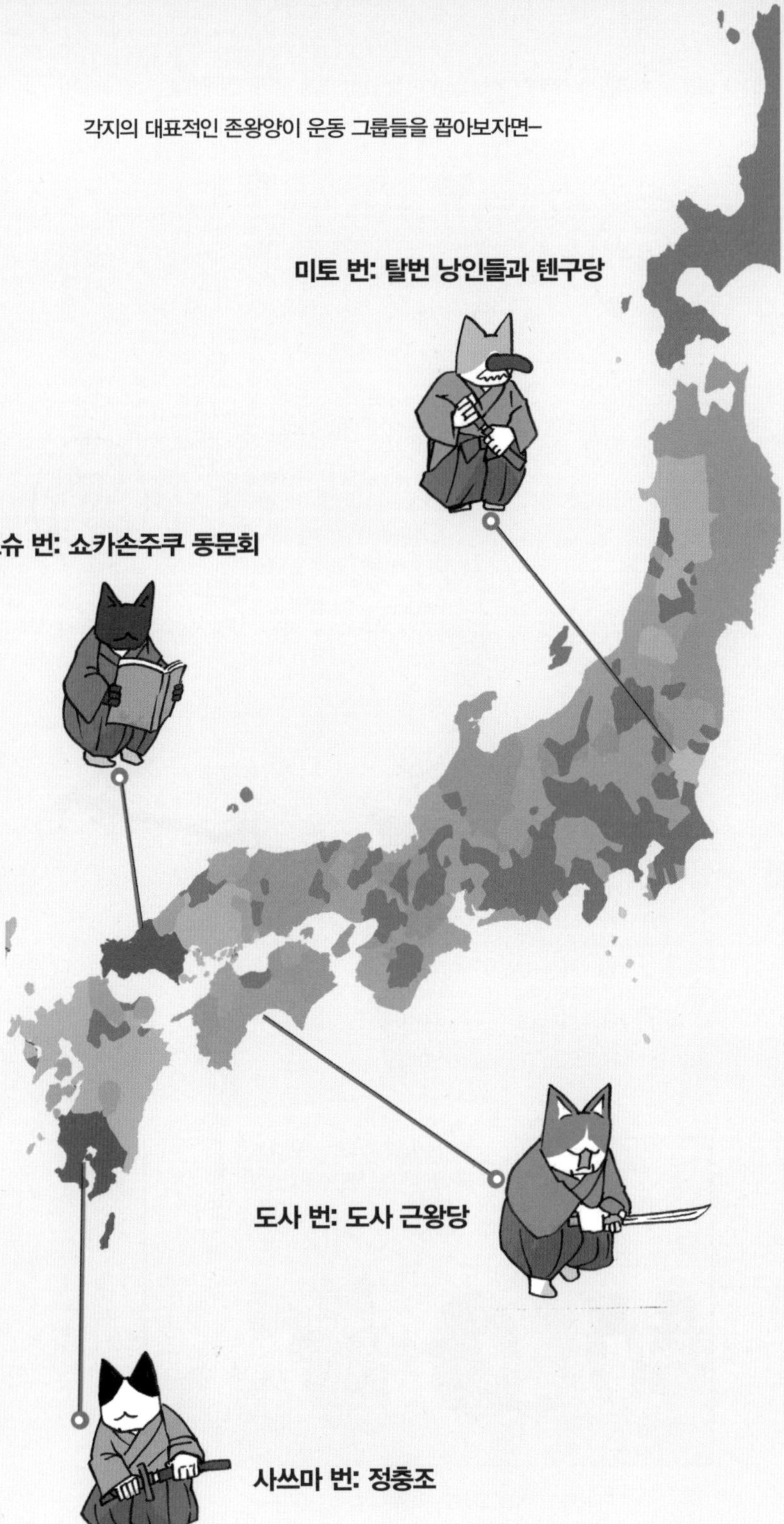

각지의 대표적인 존왕양이 운동 그룹들을 꼽아보자면−

미토 번: 탈번 낭인들과 텐구당

조슈 번: 쇼카손주쿠 동문회

도사 번: 도사 근왕당

사쓰마 번: 정충조

1861년 현재까진 저놈들이 아직 그리 크게 날뛰지는 않지만,
(저 명칭들도 좀더 후에 확정되지만)
자기들끼리 네트워크를 구축하면서 전국적인 대소동을
준비하는 모양새가 감지되고 있습니다.

존왕 쪽에서 터질 것인가,
양이 쪽에서 터질 것인가.

존왕 쪽일 걸? 꿘 놈들 마음속에서
'존왕'과 '양이'의 비중을 비교하자면
존왕이 80퍼센트,
양이가 20퍼센트 정도일 테니 .

저 존양지사라는 놈들은 그저 막부의 개국 정책을 까기 위해
'양이'를 외치고 있는 게 아닐까 싶어요.

막부는 서양 제국주의 열강에
나라 팔아먹는 식민주구입니다!

그러면서 비타협적 이념 순결성을 취하고,
양놈 혐오 여론에 편승하는 게지.

오, 애국지사다.

하지만 실제로 먹물빨 덕분에 세상 좀 아는 존양지사들은
누구보다 서양 문물을 좋아하는 놈들이지.

"아니, 아니, 근데 실제로 서양 혐오에
독이 올라서 칼 휘두르는 놈들도 있는데."

"텅 빈 머릿속에 신념만 채운
놈들도 있게 마련이지."

1859년 8월에 이미 러시아 수병 두 명이
양이 지사의 칼에 죽었고,

1859년 11월, 프랑스 공사관의
중국인 하인 피살.

1860년 1월, 영국 공사관의
일본인 통역 피살.

1860년 1월, 프랑스 공사관 방화.

1860년 2월, 네덜란드 상인 두 명 피살.

200년간 열심히
서양 정보
물어다줬더니만!!

으왁!!!!
내 팔!

그 밖에 크고 작은 상해·시비가
끊임없이 이어진다.

크왁, 어쩐지
복선이 있더라니!

그리고 1861년 1월 14일,

미국 공사관 통역
휴스켄 피살.

작가가 성의 없게 오렌지로 그려놓긴 했지만,
휴스켄도 사실 엄연히 미국 시민권자인 공사관 직원.

으어;;;

이야, 이거 큰 건수구먼.
이걸로 일본 정부 압박하면
병력 주둔이나 조계지 할양도
가능할지도?

우리도 수저 좀
얹어도 될런지?

아니… 일본을 압박하기에는
미국 내 상황이 지금 코가 석 자다.

링컨이 당선되고 남부 주들의 연방 탈퇴 예고로
내전이 코앞에 닥친 상황;;
동양 함대도 곧 본토로 철수할 거고;;

난 재외국민 투표도
못 했는데;;

아메리카,
유니온
어게인!!

함께해서 더러웠고
다신 만나지 말자.

결국
휴스켄 살해 사건은
막부로부터 유족 보상금
1만 달러를 받는 선에서 마무리.

아, 좀, 서양인 혐오 범죄
대책 좀 세워주세요!

어, 그게;; 경고판도 세우고
치안 인력도 늘리고
인식 개선 운동도 하지만 말입죠;;

근본적으로 이런
서양인 살해를
통쾌하게 여기고
지지하는 여론의 기류가
범죄를 부추기고 있죠;;

신주 일본을 넘본
양귀를 처단했소이다!

오오!
충의지사!

막부가 못 하는 일을
일개 낭인이 해냅니다!

저런 정서를 지닌 사무라이들과 일반 대중이
막부를 어떤 시선으로 바라보겠는가.

서양에 굽실대는
찌질이지, 뭐.

하잇!

배상금!

이 와중에
막부의
수뇌부라는
그림은─

15세의 병약한 쇼군, 사쓰마의 젊은 과부,
중도 타협 노선의 허약한 월급 상무들.

이놈의 나라는 약한 모습을
보이면 멸시받는 풍조가 있지;;

막부의 권위가 역대급으로
헐려나가는 이 시국,
해법은 무엇인가!

정이대장군,
무사단의 수장이라는 권위는
이제 너덜너덜해졌고…

근대 국가에 어울리는 권위이자,
가장 전통적인 권위이며
현재 가장 핫한 권위를 끌어들이자!

역시 답은
공무합체!

황실과
함께 갑시다!

윙?

公武合体

공무합체로 천황家와 쇼군家가 합체한다면
저 존왕양이 핀 놈들이 감히 누구를 깔 수 있겠는가.

천황이 우리 식구인데,
존왕이라면서 우릴 까다니!!
역적 도당들이로구나!

으억, 어째서
임금이 저쪽에;;

천황의 권위와 쇼군의 권력이
함께 듀오를 이룰 수 있다면!

일본의 근대를 평화롭고
안정적으로 열어나갈 수 있는
유일한 권력 솔루션이다!

이를 위해 예전부터 계획해온 황실과 쇼군家의 결혼을 추진.

천황이 막부 싫어하던데 가능할까?

천황은 막부를 싫어하는 게 아니라 자기 말 안 듣는 걸 싫어하는 거임. 이이 공도 죽었으니, 이제 화가 풀렸을 걸.

막부의 공무합체- 동서 결혼 책략에 따라 1861년 전반기, 막부의 로비스트들이 교토 여기저기에 풀리고.

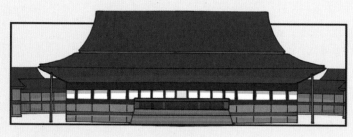

교토 어소

막부에서 제안한 이 혼담,
참으로 일세 경사가
아니 되겠습니까 ㅎㅎ

**친막부 공경
관백 구조 히사타다**
(천황의 장인)

…막부가 결혼시키고
싶어 하는 신랑 신부는−

당연히 가즈노미야 전하와
쇼군 이에모치죠!
나이도 15세 동갑 딱이구먼!

Boy meets Girl 스토리의
40퍼센트 이상이 15세 동갑
설정이라는 걸 아십니까.

和宮 親子 가즈노미야 지카코
(고메이 천황의 이복 여동생)

쇼군 이에모치

아니, 저기, 걔는 이미
약혼자가 있다니까 그러네;;

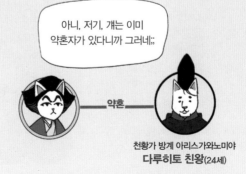

─────약혼─────

**천황가 방계 아리스가와노미야
다루히토 친왕(24세)**

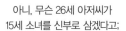

아니, 무슨 26세 아저씨가
15세 소녀를 신부로 삼겠다고;

군대 다녀오고 대학까지 졸업한
취준생이 중학교 1학년 여중생을
신부로 삼는다면 어찌 천하의 비난을
피할 수 있겠습니까.

노망난 장인어른이
뭔 헛소리죠;

자, 여기선 일단
NTR 루트.

음… 이보게,
이와쿠라 공!
조언을 좀.

쇼군家와의
혼담을 어쩔~

테노빠따 받아야죠
ㅅㅂ!!

주둥이 외에는 뭣도 없는
모험주의자 퓐 놈들은
염두에 두지 마십시오!

폐하께서 권력을 잡기 위한
루트들 중에 가장 안전하고
확실한 루트는 현존 권력인
막부를 발판 삼는 겁니다요!

권위를 나눠주고 권력을 나눔받으며,
장차 황실의 권위로 막부 전체를 잠식해나간다면
이보다 확실하고 안전빵인
집권 루트가 어디 있겠습니까!

이제 일본은 존왕의 소프트웨어와
막부의 하드웨어가 결합하여
평화와 안정 속에
새 시대로 향할 것입니다!

음…
그럴듯한데?

(막부는 결혼 공작을 위해 조정에 거액의 로비 자금을 살포)

그래, 나님은
미토학의 신봉자.

그리고 미토학은 원래 도쿠가와씨가
스폰서가 되어 만든 학문.

미토학에서 존왕양이의 주체는
어디까지나 도쿠가와 막부다!

존왕양이는 원래 막부가
하는 겁니다요~

근본 없는 천한 것들이 주체가 되는
존왕양이가 아니라고!

으어어,

헤헤 폐하,
저희가
잘 모십죠~

저 천한 뀐 놈들의 존왕양이에는
그 과정에서 나라를 절단 낼
내란도 덤으로 따라오겠지.

손쉬운 명분적 우위를 선점하여
천하를 거저 희롱하려는 수작 따위!

우리만이
충의지사입니다!

그런 천한 협잡꾼들은
동서고금에 차고 넘치게 깔렸다!

폐하의 뜻은
오직 우리가
행한다!

여기선 당연히 고귀한 혈통의 유서 깊은 쇼군 가문과 함께
'진짜' 권력을 택하는 게 답이겠지…

교토 어소

So— 막부의
혼담을 받도록 하겠소.

아아~
성단이십니다!

성은이
망극하옵니다~!

단, 조건이 있음.

예?

굽씨의 오만잡상

사무라이의 시대가 열린 이후 역대 대부분의 천황들은 현실에 순응, 조용히 시나 읊고 바둑이나 두면서 어소에 은거해왔다는 이미지가 있지요. 하지만 그 역사 속에서도 정치적으로 튀는 천황들이 가끔씩 나왔고 그때마다 정국은 고귀한 임금님의 막춤에 따라 요동쳤습니다.

일단 최초의 막부인 가마쿠라 막부 초기인 12세기 말, 미나모토씨의 대가 끊긴 것을 기회 삼아 고토바 천황이 각지에 막부 토벌의 교지를 내리고 전쟁을 일으켰습니다. 하지만 가마쿠라 막부의 실권을 쥔 호조씨에게 단번에 패배, 폐위당하고 귀양가게 되었답니다.

14세기에 이르러서는 고다이고 천황이 드디어 아시카가 다카우지와 손잡고 가마쿠라 막부 토멸에 성공합니다! 그리고 일본을 다시 천황의 조정이 지배하는 율령제 국가로 바꿔놓고자 겐무신정을 단행하지요. 하지만 곧 무사 정권을 세우고자 하는 아시카가 다카우지의 야심이 드러나 다시 싸움을 벌이게 됩니다. 여기서 패한 고다이고가 요시노로 도망가 남조 정권을 세움에 따라 일본은 남북조 시대로 돌입. 하지만 고다이고 사후, 결국 남조는 아시카가 가문의 무로마치 막부에 의해 멸망당합니다.

그리고 19세기 중반, 에도 막부 끝물에 고메이 천황이 등장해 시대의 중심으로 뛰어듭니다. 저 위의 천황들처럼 막부를 상대로 전쟁을 일으키거나 하진 않고, 막부의 힘을 자신의 밑에 두려는 정치 게임에 나섰지요. 하지만 그런 정치 게임을 이끌며 새 시대를 열어나가기에는 사람이 너무 고리타분한 구체제 이상론자이며, 지나친 서양 혐오증이었기 때문에 당대에도 후대에도 그리 좋은 평가를 받지 못합니다. 그래도 히치리키 등의 악기를 곧잘 연주하는 등 풍류를 아는 임금이었다는 얘기도 있지요.

'고'자로 시작하는 이름을 가진 천황들이 위험한 거구먼.

제 7 장

Royal
wedding

최소 5년은—

아니— 7, 8…
10년 정도의 기한을
주신다면
가능하겠사옵니다;

…

음…

으ㅋ

(사실 구체적인 생각은 별로 없는 듯)

10년 후면 뭐 우리가
책임질 일은 없겠지?

10년 후가 문제가 아니라,
천황과의 이 약조를 당장
어떻게 발표하느냐가 문제지;

지금까지 막부가 온갖 태클을 무릅쓰고
서양과 조약을 맺고 개국을 추진해왔는데—

후; 라면 물받기까지
험난한 길이었다;;

사실 이건 다 페이크고 다시 다
무효화시키겠다는 합의에 대해
천하를 어떻게 납득시킬 것인가?

하지만 결국
다 엎어버리겠다!!

천황의 고집도 달래고,
막부의 정책 일관성도 지킬
묘수가 어디 없을까나…

양이! 양이!
쇄국! 쇄국!

음?

그 딜레마를 풀어드리기 위해
조슈 번이 중앙 정치 무대로
등단합니다!!

156

자, 이 천하 비책 솔루션이
이 모든 딜레마와 꼬인 정국을
한 방에 싸악~ 풀어드립니다.

아니, 근데 뜬금없이 조슈 번이
갑자기 막부를 돕겠다며 등장?

그게 1850년대 후반부터
쭈욱 지켜보자니,

이놈의 나라 정치판이
갈수록 개판이 되어가는 게,

내버려두면 나라가
망할 것 같더라고요.

마침 조정의 정치 참여 요청도 있고 해서~
자발적 아싸 생활을 접고! 우리 조슈가
나라를 캐리하러 나서게 된 거죠.

1850년대 후반,
조슈 번의 정권을 이끄는
합리적 보수 세력은
막부와 조정을 도와
천하를 안정시킬 것을
번의 방침으로 결정.

막부의 공무합체 방침을 돕는 것이
조슈와 천하를 위한 일이옵니다.

그리하도록.

조상 대대로 원수인
막부를 돕다니,
이 무슨 무쓸개 짓거리!

물론 쇼카손주쿠 동문들로 대표되는 번내 존양지사들은
크게 반발했지만, 쩌리들이니 상관없습니다.

그리고 이를 위해
막부와 조정에 건의할 천하묘책으로
이 솔루션을 만들어왔습니다.

항항으ㄹ

ㅎㅎㅇㄹ?
흥행이론?

나가이 우타의
항해원략!!

나가이 우타和宮 親子

航海遠略

자, 역사를 보시면
쇄국은 일본의 원래 조법이
아니라 단지 200년 전
시마바라의 난 때문에 막부가
내린 일개 훈령일 뿐입니다.

그런 구속에 묶여 바다 밖에 넘쳐나는 이익을 취하지 않고
웅크리고 있는 것은 겁쟁이의 소치일 뿐.

이불 밖은
위험해!

서양인들이 일본을 침범하는 것이 두렵다면,

최선의 방어는 곧 공격!
일본이 오히려 먼저 뛰쳐나가
그들의 바다를 따는 것이
최상책입니다!

선제적
대응 조치!

그리 바다로 나아가
무역의 이익으로 부국을 일구고,

富國

해군으로 강병을 삼아,

强兵

황국의 위세를
5대양에 널리 떨친다면!

하악하악

일본을 찾아오는 서양인들은 일본을 침범하는 오랑캐가 아닌
황국의 부와 위세에 조아리고 공순하는 오랑캐들이 될 것이니,

우리 모두
와패니스트~

와따시가
일빠 왕!

니혼
스고이~

오랑캐를 대함에 있어서 양이보다 더 높은 경지인
교화의 덕을 행한다면 이보다 천황의 위광을
드높일 일이 어디 있겠습니까.

왓따! 시부레! 이거다!!

개국과 양이를 대립 이념으로 보지 않고,
개국으로서 양이의 더 높은 차원을 포괄하는
존왕의 대계를 세운다!!

이 천재적 개념을 누가 거부할 수 있겠는가!

'양이'의 개념을 광의로
놓고 본다면 천황과의 약조도
여러 해석이 가능하겠지!

자자, 조정 분들도
이거 읽어보시고 개명의 길에
함께합시다~

자, 교토에
로비스트들을 풀어라!

하여, 막부는 항해원략책을 채택하고
조정에서도 이를 받아들이도록 공작을 편다.

원, 조슈가
이렇게 충의가 있는 줄은
미처 몰랐구먼 ㅎㅎ

헤헤,
그런 차원에서 저희 번의
해외 무역 허가를 좀-

어, 그건 생각 좀
해보고...

조추야,
슈하다...

양놈들은 죽일 뿐이고! 신주 일본은 오로지 쇄국으로 순결을 지켜나가야 한다!!

이 항해원략책에 대해 존양지사들 중 서양 혐오 과격파들은 극노했지만,

좀더 생각이 있는 지사들은─

항해원략이라는 게 따지고 보면 대충 맞는 말이긴 하지… 허황된 수사들만 좀 빼면.

다카스기 신사쿠

하지만 우리가 이를 반대해야 하는 이유는! 항해원략이 막부의 공무합체에 부역하는 어용 이론이기 때문이다!

막부의 존속을 전제로 하는 어떠한 주장에도 반대한다! 막부는 무너져야 한다!

구사카 겐즈이

막부를 박살내야만 이 신분제 앙시앵 레짐을 무너뜨리고 일군천하 만민평등의 새 세상을 열 수 있는 것!

그러니까 항해원략은 거르고, 우리 쇼인 선생님께서 주창하신 항해웅략을 뽑시다!

航海雄略

뭐가 다른 거죠?

기도 다카요시
(aka.가쓰라 고고로)

좀더 웅장하지!!

특히 나가이 우타는 조슈 번 번정의 중역으로서
요시다 쇼인이 막부에 잡혀가 처형당할 때
아무 구명 조치도 없이 막부에 순응했기 때문에,

자업자득이다…

쇼카손주쿠
동문들에게는
스승의 원수!
척살 대상!

뭐, 저 애송이들에게는
증오할 대상이 필요하겠지.

막부 부역자!!
선생님의 원쑤!!

해서 몇 차례의
암살 시도가 있었지만
어찌저찌 다 모면했다고 한다.

논객이 검객이기도 해야만
목숨 간수할 수 있는 난세다.

쨍캉

한편 가즈노미야와 쇼군의 결혼 준비도 착착 진행—

싫다고!!!

누구 맘대로 사람을
마도 에도로 시집보내려고!
약혼도 파혼시키고!!

아니, 어차피
그 약혼도 내가 정해준
약혼이었잖아;

입영통지서 두 번
받는 기분이거든요?!

19세기 중반 동양에서 여자가
결혼을 자기 맘대로 결정할 수
없다는 현실을 받아들여!

그치만!

그치만,
오니 짱—

그거
하지 마라…

하지 말라고,
진짜 머리 밀고
절에 보내버린다.

우여곡절 끝에 1861년 10월, 결국 가즈노미야, 에도行.

저 요괴가
수행 팀장이라니.

이와쿠라 도모미가
수행단 인솔.

1861년 12월, 가즈노미야, 에도성 입성.

아니, 근데 가림막으로 행렬 루트를 다 가릴 거면 대체 왜 행렬을 그리 성대하게 꾸리는 거지?

구경 좋아하는 에도 시민들은 가림막에 실망.

쇼군과 가즈노미야의 국혼에서 의전상 가즈노미야를 쇼군보다 윗전에 모시게 되어, 이에 충격을 받은 사람들도 좀 있었죠.

일단 가즈노미야와 이에모치는 동갑내기 또래들답게 곧 친해졌지만~

느그 에도에는 이런 거 없음 인정하는 부분이죠?

으와, 이거 단맛 뿅 내셔널지오지오지네요!

이런 설탕 덩어리를
입에 품고 살면 이빨 다 썩어서
치통사당합니다.

... 아; 예;;

오오미다이도코로 덴쇼인
(대비마마 격인 前 쇼군 부인, 03권의 아츠히메)

가즈노미야와 덴쇼인 간의
고부 갈등은 피할 수 없었다고.

교토 황실에서는 삼시 세끼
꼭 마카롱이 반찬으로
오른다고요!

그건 대체
어느 이세계
교토 황실인지요.

아줌마, 사쓰마
시골 무가 출신이시라던데요,
나랑 눈 마주치는 거
의전상 불법 아닌가요?

시월드 룰에 따르면
전하 너님 머리끄댕이
묶어서 빗자루로 써도
합법임요.

에도성의 경사스러운 분위기와 달리
존양지사들은 이 국혼에 분기탱천.

교활한 막부 놈들이
황실의 치맛자락에 매달려
명줄을 늘려보려고
발악하는구나!

이 무슨 무엄 무도한
황실 능멸이란 말인가!

가즈노미야 전하
부디 행복하시길…
치카코 쨔응 ㅠㅠ

이 분노는 계속 테러로 터져나왔으니.

국혼 교섭 진행 중이던 1861년 7월 5일,

열네 명의 미토 낭인이 영국 공사관을 습격.

막부 측 경비병들과 교전.

러드퍼드 올콕 공사는 다행히 화를 면했지만,
서기관과 영사가 부상을 입고 본국으로 후송.

이 사건으로 막부는
영국 측에 1만 달러를 배상하고,
공사관 내 영국군 주둔을
승인하게 된다.

영국 공사관 습격은 실패했지만, 더 큰 칼질로 다시 한 번 천하를 흔들어주마.

우리 미토 낭인들이 막말 난세 칼싸움 극장의 초반 주역이지!

뭐, 꿘 놈들이 아무리 발악해도 황실을 막부의 품에 안은 이상, 공무합체에 대항하는 놈들은 결국 조정의 적이 될 수밖에 없는 것.

이대로 가즈노미야가 세자를 낳아주시면 그야말로 게임 오버가 될 텐데…

1862년 2월 17일,
안도 노부마사는 정월 대보름 인사를 위해 에도성으로 등성.

음? 날짜까지 언급하는 내레이션이 약간 불안한데?

신혼집 선물로는 역시 프랑스제 아로마 비누가 최고지.

오전 8시, 행렬이 에도성 사카시타문坂下門 근처에 이르렀을 때,

미토 낭인 가와모토 모리타로가 가마를 향해 총격.

다행히 총알은 빗나갔고,

미토 낭인 히라야마 효스케가 가마에 찔러 넣은 칼도

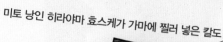

안도의 허리를 스치며 살짝 상처를 냈을 뿐.

안도는 가마를 빠져나와 무사히 대피.

여섯 명의 자객은 50여 명의
경호 인력을 뚫지 못하고
현장에서 모두 사살된다.

대개 속편은
망하는구나;;

난 안 죽었다!!!
살아 있다고!!
경호원 늘리길 잘했지!!!

이이 공!
하늘에서 보고 계시오?!
결국 내가 옳았어!!

하지만
칼 맞고 도망간 놈도 죄인이라는
사무라이 정서법에 의해
안도 노부마사, 2개월 후 해임, 실각.

. . .

172

제 8 장

국부 만세

1858년 8월,
사쓰마 번주 시마즈 나리아키라는
죽기 직전 뒷일을 이복동생
히사미쓰에게 맡긴다.

형님;

히사미쓰, 뭐 후계 문제로
안 좋은 일도 많았다만,
결국 나 먼저 이리 간다.
이제는 네가 나설 차례다.

島津久光

가시마즈 히사미쓰(41세)

네 아들 타다요시에게
번주 자리를 물려줄 테니,
네가 후견직(섭정)을 맡아
사쓰마를 잘 이끌어다오.

아, 근데 우리 아버지;
그 영감탱이가
아직 살아 있었지;;

나리아키라가 죽자마자 에도에 있던
나리아키라의 아버지 나리오키가 급거 귀향,
번정 권력을 장악한다.

하지만 1년 후,
나리오키도 향년 68세로 사망.

불효막시무스 후레자식이
헝클어놓은 사쓰마를 다
옛 모습으로 되돌려놓겠다!

끄응;;

허무해서
원통하다!!

174

드디어 히사미쓰는
오랜 기다림 끝에
사쓰마의 권력을
거머쥔다.

나님은 번주의 아버지이자
사쓰마 전체의 어버이니,
이제 나를 국부라
부르도록 하여라.

국부??!

Pater
Patriae?!

아버지, 저 이제
20세 어른인데요…;

애비는 42세까지
기다렸단다.

형 전공은 난학이고
내 전공은 국학이지만
나님도
서양무기 좋은 건
당연히 알죠.

히사미쓰는 죽은 형의 정치 노선을
이어받아 번의 부국강병을 꾀하고—

1861년, 고마쓰 타테와키를 중역으로 발탁하고,

천하를 움직이려면
운동권 젊은 피가
필요한 법이지!

타테와키의 천거로 사쓰마 존왕양이
그룹인 정충조의 지사들을 중용.

精忠組

小松帯刀
고마쓰 타테와키(26세)

大久保 利通
오쿠보 도시미치(31세)

저, 국부님, 유배 중인
사이고를 사면하시고
데려다 쓰시면 존양지사들
장악에 큰 보탬이 될 겁니다요.

ㅇㅋ, ㅇㅋ!
그 친구도 데려와!

사이고 다카모리는
3년 만에 유배에서
풀려나 귀환.

그래, 사이고.
나님이 슬슬 일본 중앙 정치
무대에 난입해보려는데,
천하를 주무를 만한
기운이 좀 느껴지는가.

예?

어휴, "국부"님.
"국부"님은 에도에 머물며 인맥을 만드신 적도 없어서
어디 친한 번주도 하나 없는 아싸이시고

조정 벼슬이 없으시니 조정에 기웃거리려 해도
교토에 입고 갈 관복도 감투도 없으신데
대체 무슨 중앙 정치를 기웃거리신다는 겁니까?

돌아가신 형님의 전국적인
인지도·인망과는 도저히
비교 불가능한 똥스탯이라고요.

"국부"

사이고의 개건방에
히사미쓰가 물고 있던 담뱃대
부리에 이빨 자국이 났다고.

정충조를 컨트롤하려면
저런 건방진 인간도
필요한 법이죠;

잰 형님 사람이라
나랑은 안 맞아…

아이고, 사이고,
이 사이코 셰퀴야!!

이제 중앙 정치 무대에 오르시려면
뀐 존양지사들이 꽤 쓸모 있는
카드가 돼줄 겁니다요.

그래, 중앙 정치.
형님의 유지를
잇기 위해!

사쓰마의 이익을 지키고 권익을 더 늘려나가기 위해!

예전에 쇼군 후계 문제로,
사쓰마가 가담한 히토쓰바시파와 난키파가
한창 싸울 때에는 강 건너 불구경하던 조슈가.

막부 쇼군 따위 누가 되든
알게 뭐냐~

요시노부!!

이에모치!!!

히토쓰바시와 난키파가
둘 다 기진맥진해 쓰러지자
날름 항해원략을 들고 막부와 조정을 찾아가
중앙 정치의 조정자를 자처하고 있으니…

원, 저런 당쟁은 나라에
아무런 도움이 안 되죠~!

안세이 대옥;;

이이 암살;;

그러면서 그런 정치적 입지를 바탕으로
국내외 교역을 인정받으며
사업을 늘려가려 한다지.
증기선도 막 구입하고,
자체 선박 제조도 하고.

이제 우리도 좀
장사하자, 먹고살자.

사실 쇄국 시절에는
류큐라는 대외 교역 창구를 가진
사쓰마의 대외 밀무역 독점 이익이
아주 쏠쏠했는데—

개국을 하고 보니 이건 뭐 서양 상인들에, 조슈 및 기타 여러 번 놈들
개나 소나 다 교역에 달려드니, 사쓰마가 가진 교역에서의
우월한 지위가 순식간에 잠식당하는 판국.

특히 조슈 놈들은
막부에 아첨하며 바친 항해원략으로
중앙 정치의 조정자를 자임,
부둥부둥 우대받으며
새 판을 조슈의 이익 위주로
짜려 하는 것이 아닌가!

저 재슈 없는 조슈를 튕겨내고
중앙 정치 조정자의 중임을
맡을 번은 우리 사쓰마다!!

퉁틔

우리는 모두 히토쓰바시파!

히토다! 히토!

히토리쟈나이!

사쓰마가 같은 편 먹었던 히토쓰바시파 명망가들 사이에 함께 묻어서 중앙 정치 무대 센터를 차지하겠다!

하지만 안세이 대옥 이래 히토쓰바시파 명망가들은 모두 근신 처분을 받고 정치 참여가 금지되어 있다.

이른바 '중도 협조' 정권 놈들은 현상 유지만 바랄 뿐, 히토쓰바시파가 다시 재기하는 걸 바라진 않는 모양이야.

못 풀어드립니다.

그렇다면— 히토쓰바시파 명망가들의 정치 참여 해금을 명하는 조정의 칙령을 가져와서 막부에 들이밀면 되지 않을까?

조정에서 히토쓰바시파 근신 다 해제하고 정치 참여 인정하랍신다~!

헉?! 저걸 어떻게 얻어냈지?

Freedom!

최고다! 사쓰마!

그럼 조정의 칙령은 어떻게 얻어낼 것인가—

저렇게 될 수 있도록 조정에서 칙령 좀 써주세요.

너, 나랑 친하냐? 헛소리 ㄴㄴ.

이 모든 게
아주 논리적이고
정합적인 계획이야!

협박을 수단 삼는 게
세련미가 좀 떨어지긴
하지만 말입죠.

자, 시작해보자고!

그리하여 1861년 말부터
사쓰마는 조정에
계속 청원을 넣으며
밑밥을 깔기 시작.

막부 개혁의 칙령 좀 내려주세요~
우리 국부님이 교토에 가서
얘기하게 해주세요~
우리 국부님 벼슬 좀 내려주세요~

이거 뭔가
할 생각인가 본데;;

그리고
1862년 새해를 맞으며,
히사미쓰는
교토 상경 입장을
분명히 한다.

뭐, 결국 나님이
직접 교토로 (병력을 끌고)
상경하는 성의를 보여야 조정에서도
진심을 인정해주지 않겠습니까.

국부 시마즈 히사미쓰
신년 인터뷰

JST

그런 성의를 조정에서 인정해주면 뭐,
조정의 이름으로 천하의 좋은 뜻을 모아서
현 시국의 트러블들을 해결해나갈 수도 있고
뭐 그런 좋은 흐름이 만들어지겠죠.

사쓰마가
거병한다!!

드디어 막부 패싱
조정 근왕군이
결성되는 건가!

히사미쓰의 솔병 상경 소식에 전국의 존양지사들 흥분.

사쓰마의 정충조를 중심으로 존양지사들이 대거 교토로 상경.

1858년에 좌절되었던 사쓰마의 교토 거병 상경과
교토발 존양혁명의 불꽃이 이제 다시 타오른다!

에에???

조슈의 쇼카손주쿠 일당과 도사의 근왕당도 서로 연락을 주고받으며
사쓰마 정충조에 호응해 교토로 상경할 계획에 대해 논의.

너네가 가면 우리도 가지.

너네가
교토 더 가깝잖아?

아니, 우린 일단
바다 건너인데요

…그냥
각자 놀자…

이 연락책을 맡은
도사의 청년 지사
사카모토 료마는−

(결국 서로 눈치보다
소수 인원만 상경)

京

조슈

나님이 도사에서
지명수배당했다고?!

도사

곧 연락책을
집어치우고
오사카로 튀었다가,

꿘 놀음
그만하고 진짜
일을 배워보게.

사쓰마

이후 에도에서 가쓰 가이슈를 만나
해군 조련소 건립을 위해 일한다.

184

1862년 초부터 교토에는
흥분한 존양지사들이 드글드글.

여기저기 과격한
대자보를 붙이고 다니고,

친막부 귀족 저택 담장 너머로
(누군가의 신체 일부와 함께) 협박장을
던져놓는 등의 행패가 이어진다.

그리고 1862년 4월 14일,
히사미쓰, 1천여 병력과 함께 사쓰마 출발.

이 시골 무사가 천하의 안녕을 위해
상경하여 미욱한 뜻이나마 윗전에
고해 올리리다!!

분위기가 슬슬 무르익었어.

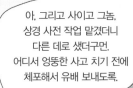

아, 그리고 사이고 그놈,
상경 사전 작업 맡겼더니
다른 데로 샜더구먼.
어디서 엉뚱한 사고 치기 전에
체포해서 유배 보내도록.

여러 번을 통과하는 다이묘
행차 루트는 전통적인 참근교대
코스를 이용하며 사전 교섭을 통해
여러 번들이 서로 익스큐즈하는 것.

한 달의 여정 끝에 5월 14일,
히사미쓰 일행 교토 도착.

크아아아앙!
이제 혁명의
막이 오른다!

그리고 히사미쓰는
곧 교토의
치안 안정에 대해
입장 표명.

교토의 치안을 어지럽히는
존양지사들은 속히 고향으로 돌아가
각 소속 번으로 복귀토록 하라.
특히 우리 사쓰마 정충조 애들,
좋은 말로 할 때 빨리 복귀해라.

물론 말 안 들음.

교토의 데라다야 여관에는 사쓰마 정충조 과격파들이
아리마 신시치를 중심으로 모여 교토의 최고위 인사들을
모조리 암살해버리려는 무시무시한 작당 중.

5월 21일 밤, 히사미쓰의 명을 받들어,
칼 좀 쓴다는 사쓰마 번사들이 데라다야에 도착.

이 사쓰마 사무라이들은 여관 방에서 한동안 말씨름을 벌이다가

결국 쌍방폭행 칼부림行.

결국 정충조 쪽 여섯 명 사망, 두 명 할복. 체포조 쪽 한 명 사망.
—총 아홉 명의 사망자가 나와 온 교토를 놀라게 한다.

-이렇게 관백 어르신을 포함해
조정의 대신 수십 명을 살해하려던
과격분자들을 우리 손으로
일단 다 제압했습니다만…

어; 음;; 노고가
크셨소이다;;

교토를 **피바다**로 만들 수 없기에!

우리 사쓰마 식구들을!!

우리 손으로 직접
다 베어버렸다굽쇼!! 으이?!

어어;;
음;; 예;;

자, 여기선 사쓰마 쪽 체면을
세워주는 게 맞는 것 같습니다.
교토의 존양지사들 난동을 적절하게
제어해주실 수 있는 분 아니십니까—

…이 셰퀴는
언제 또 사쓰마 쪽에
붙었지?

이를 계기로 조정에서는 히사미쓰의 사쓰마 번병에
교토의 임시 근위병 역할을 부여.

그리고 조정의 관백도 히사미쓰네 사돈인
고노에 다다히로로 교체.

크핫!
교토와 조정을
손에 넣었다!

천황도 딱히
크게 거부하지 않고
칙령을 내주기로 함.

히토쓰바시파 복권 칙령이라…

저 사쓰마 놈 하는 짓거리가
야쿠자 두목 같긴 하지만
원래 나님도 히토쓰바시파를
응원했으니까.

계획이 완벽하니
일이 술술
풀리는구먼!

정충조 內 과격파는
어차피 숙청했어야
하지만.

그래도 이거 뭐랄까,
존양지사들이 국부님한테
너무 이용만 당하는
느낌인데요;;

아아, 국부님은
꿘 존양지사들을 부추겨서
막부를 약화시키는 데
최대한 이용하겠죠.

막부가 약해질수록
지방 번의 입지는
강해지는 법이지~♬

으어어;;

존왕양이

허허, 맘대로
재단하지들 말라고.
나도 일본 전체의
미래를 생각하는
애국자야, 애국자.

그리고 막부의 약화로 막번 체제가
독일 영방 집합체 수준의 느슨한 체제로 풀릴 경우,
국부님은 사쓰마—류큐 제후국 대공 같은 느낌의
독자적인 권력을 노리는 게 아닐까요.

하지만 덕분에 존양 운동도
사쓰마라는 강력한 번의 힘을
이용할 수 있으니
서로에게 이득이 되는
상호이용 아니겠습니까?

훨훨
타거라~

고마워요~

OIL

존왕양이 운동권

음?

어차피 이 운동의 불길은 지방 영주 한 사람의
소박한 야심 같은 건 언급할 가치도 없는 수준으로
결국 거대하게 타오를 것입니다.

—그런 날이 올 때까지
건방 떨지 말고 강 얌전히
굽신거리며 살 걸…

MEANWHILE

히사미쓰의
상경 계획에 협조하지
않은 사이고는 두 번째 유배行.
다시 2년간 섬에 처박혀 산다.

오키노에라부 섬

제 9 장

분큐분큐

히사미쓰가 교토와
조정을 손에 넣고
칙령 공작에 나서자
에도에서는—

으어어어어;;

막각(막부 내각) 크게 당황.

서로 체면 상할 일 없게
어물쩍 어물쩍 넘어갈 일이
아니었구먼;;

저런 터무니없는 레벨까지
일을 벌일 줄은 몰랐지;;

막부의 권위와 중심이
제대로 서 있었다면,
심신 튼튼한 어른 쇼군이
오너 CEO로 보위에 계셨다면
어찌 사쓰마 따위가 저런
황당한 수작을 꿈꿨겠는가;;

뭔 개수작 냄새여?!
배꼽이 근질근질하니
할복이 땡기는 계절이냐?!

크아앙

쇼군 전하 만만세;;
충성 충성 충성;

막부 정치가 개판이라 지방 영주가 나서서 훈수 좀 둬야겠습니다!

어명을 받들라!

…;;;

개항과 후계 다툼, 정치 혼란, 다이로 암살 등으로 막부의 권위는 너덜너덜. 어린 쇼군의 병약한 어깨는 이 붕괴를 감당하지 못한다.

막정(막부정치)을 책임지는 로주들은 단지 월급 상무들일 뿐, 현재 막부는 주인 없는 회사나 마찬가지. 누가 중심 잡고 저 매서운 도전들에 맞설 수 있으랴.

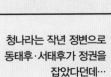

어떡하지|; 어떡하지|;

크으, 이웃나라들처럼 수렴청정이라도 있었으면 나님이 대비마마로서 막부의 중심을 잡고 정치를 이끌어갔을 텐데…

청나라는 작년 정변으로 동태후·서태후가 정권을 잡았다던데…

아줌마, 정치 관심 있는 건 알겠는데 지금 교토에서 파티하고 있는 사람들이 사쓰마 사람들인 건 아시죠?

…

그 히사미쓰 공이 아줌마 의숙부인데, 막부 사람들이 퍽이나 아줌마를 신용하겠수다.

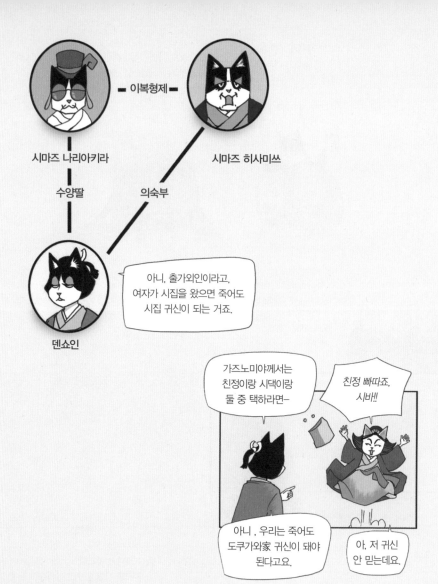

— 이복형제 —

시마즈 나리아키라

시마즈 히사미쓰

수양딸

의숙부

덴쇼인

아니, 출가외인이라고,
여자가 시집을 왔으면 죽어도
시집 귀신이 되는 거죠.

가즈노미야께서는
친정이랑 시댁이랑
둘 중 택하라면—

친정 빠따죠,
시바!!

아니 , 우리는 죽어도
도쿠가와家 귀신이 돼야
된다고요.

아, 저 귀신
안 믿는데요.

그래도 월급 상무들이
나름 이것저것 궁리는 하고 있음.

저것들이 막부 정치 개혁
칙령 하달의 구실로 삼는
트집거리들에 대해 우리가 먼저
선제적으로 조치를
취하는 게 좋겠죠;;

트집거리라 하면 일단…

196

암살 미수로 비난의 대상이 된
안도 노부마사는
이미 5월 9일에 사임시키고
고향으로 내려보냄.
(히사미쓰의 교토 입성 5일 전)

이게 다 막부를
위한 길입니다요;;

억울해 죽겠네;

항해원략 채택,
양이 회피 등등 트집 잡힐 거리
많으시잖습니까.

미국 공사한테
뇌물도 받으셨다던데.

칙령이 내려오기 전에
히토쓰바시파 거물들의
정치 활동 해금.
정치 참여를 타진.

원, 고견으로 막정에
도움을 주시기를—

너님들이랑은
안 놀 겁니다.

히토쓰바시 요시노부

그러거나 말거나
교토에서는…
1862년 6월 5일,

막부에 칙령을 전할 칙사로
반막부 성향의 귀족
오하라 시게토미 임명.

이 칙령의 성분비는
사쓰마 놈들 협박이 50퍼센트,
내 뜻이 50퍼센트
정도니라.

6월 17일, 칙사 일행, 에도로 출발.

그리고 칙사의 호위 임무는
나님이 이끄는
사쓰마 병력이 맡았지!

국부 히사미쓰의 대모험!
교토 다음에는
에도를 뒤집는다!

2주 후인 7월 3일,
칙사 일행 에도 도착.

사쓰마 병력이 총 들고
대포 끌고 에도로
들어온다고?!?!

말도 안 되는
소리! 막아!

천황의 칙사
호위병을
어떻게 막아;;

막으면 조적
(조정의 적, 역적)이
되는 겨;

에도 시민들은 천황의 칙사와 사쓰마 번병의 위세를 똑똑히 목격.

막부가 후달리긴
많이 후달리는 갑다…

천하 난세다;;

천황의 칙령이 막부에 전달된다.

칙령의 내용은
뭐냐면요~

막부 엿 먹으라는 내용은
로주들과 상의해주세요.

칙령의 요구사항

1. 근시일 안에 쇼군이 교토로 직접 상경해
천황에게 확실히 양이를 맹세토록 할 것.

2. 히토쓰바시 요시노부를 쇼군 후견직
(섭정)에, 마쓰다이라 슌가쿠를
다이로에 임명할 것.

완벽하게
히토쓰바시파
정권이 되는 거죠.

3. 주요 번의 다이묘들을 막부 정치에 참여시켜
훈수를 받도록 할 것. (주요 5대 번을 5大老로)

감 놓으세요.

배 놓으세요.

(권력 놓으세요)

이상 세 개항이 메인이니,
일단 이것들부터 수락하도록 하세요!

아;; 저…;;

이 칙령의 수락을 통해 진정한 공무합체가 이뤄지는 겁니다!

막부가 조정을 이용하는 기만적인 공무합체가 아닌, 조정의 이념과 철학으로 막부의 실질 정치가 작동하는 진정한 공무합체!

아…;; 저;;; 그;;;

230년 만의 쇼군 교토 상경을 그리 쉽게, 빠르게 결정할 수는 없는 노릇입니다;;;;

좀더 시간을 들여 논의해보는 걸로 부디…

막부 측 협상 대표 로주들

이타쿠라 가스키요 : 와키사카 야스오리

(히사미쓰가 조잡하게 만들어낸 이 판이 오래갈 리가 없으니 어떻게든 시간을 끌면 얼렁뚱땅 흐지부지行이겠지);;

왠지 시간을 끄시는 것 같은데요.

시간을 끄는 게 아니라 시간을 함께 길게 나누자는 겁니다요~

…불초가 어명을 받들어 에도까지 와서, 폐하께서 내리신 임무를 완수하지 못한다면 나님이 그 불충을 어찌 책임지겠소이까…

할복으로 책임지는 방법 외에는 없소이다!!!

으앗?!!

근데 이 뱃가죽 가르기는 문제가 아니지만, 나님이 할복하면 에도에 와 있는 우리 애들이 난동을 부리진 않을까 걱정이네요. 총포류·화약도 잔뜩 가져왔는데…

어… 음…

에도 불바다는 곤란하겠죠…

결국 막부는 칙령 전항 수락.

크하하핫핫핫!! 결국 우리가 이 나라를 구했습니다!!

202

이에 따라 8월, 요시노부가 쇼군 후견직에,
마쓰다이라 슌가쿠가 정사총재에 취임.
히토쓰바시파 정권이 실현된다.

다이로는 이이 나오스케가
연상돼서 정사총재로
명칭을 바꿨죠.

'우리' 히토쓰바시파가 결국
이렇게 승리하게 되었구먼요ㅎㅎ

우리 형님한테 감사하쇼.
이게 다 형님의 유지였으니.

아, 예…

뭐, 결국 열심히 뛰어다니며 천하를 주물러서
요시노부 공을 이리 밀어 올려준 건
이 몸이지만 말이오이다! ㅋㅋㅋㅋ

아, 뭐 감사 인사는 됐고,
그냥 나님이 정권의 대주주인 걸로
만족한다오~

...

(사쓰마 토인 추장인지,
야쿠자 두목인지 양아치 짓거리로
세상 좀 흔들었다고
기고만장했구나…)

文久改革

분큐의 개혁

(이 당시 연호가 분큐)

● 참근교대 완화

참근교대 주기를 격년에서 3년에 한 번으로.
에도 거주 기한도 100일로 축소.

에도 번저에 볼모로 와 있던
처자식들도 모두 귀향 허용.

각 번의 경제적 부담을
크게 완화시켰죠.

● 막부 육군 설립 계획

근대적 무기·전술과 조직을 갖춘 막부
육군 양성 추진.

사무라이 세계의 고리타분한 신분 구분으로 얽매인
막부 하타모토들은 이제 쓸모없으니 돈이나 내라.

● 교토 수호직 신설

교토의 막장 치안 해결을 위해 치안 경비를 책임질
교토 수호직 설립. 아이즈 번주 마쓰다이라 가타모리를
교토 수호로 임명.

마쓰다이라 가타모리

● 양서주소 설립

서양 서적 번역을 위해
난서주소를
양서주소로
업그레이드.

서양 서적 번역과 더불어
번역 인력을 지속 양성.

● 해군 운용을 위한 유학생 파견

에노모토 다케아키 등의 유학생들을
네덜란드에 보내 해군 운용에 대해
배워오도록 한다.

● 예복 간소화

바짓단은 밟힐 만큼 질질 끌리고,
어깨 깃 세우기 위해 빡세게
풀 먹이고 다림질해야 하는
예복 '나가가미시모'.

나가가미시모
長上下

온 천하가 싫어하는
예복 나가가미시모를 폐지.

개혁 만세!!

1862년 9월 14일, 히사미쓰, 에도를 떠나 집으로.

에도를 출발하고 얼마 안 가 요코하마 나마무기 마을에 이르렀을 때,

근처의 고찰인 헤이겐지 관광을 위해 말을 타고
나온 영국인 네 명이 행렬과 맞닥뜨린다.

상하이에서 온
영국 상인 찰스 리처드슨이
행렬을 정면으로
거슬러 오르고~

그때, 한 번사가 리처드슨을 향해 돌진.

(데라다야 사건 때 체포조로 참여했던 나라하라 기자에몬)

가자에몬의 칼질에 리처드슨 사망.

. . .

나마무기 사건

나머지 영국인들은 부상을 입고
재빨리 근처 미국 공사관으로 피신.

이에 요코하마의 영국 공사관에
서양인들이 모여들고.

놈들은 멀리 못 갔을 겁니다! 군함으로 추격해서 붙잡읍시다!!

프랑스 병력도 돕겠소이다!

…

아니, 저 히사미쓰란 자는 근간 일본 정치의 중심에 선 거물.

일본의 양이 사조와도 깊이 엮여 있다 볼 수 있죠.

그리 가볍게 결정할 문제가 아닙니다.

(올콕 공사의 휴가 귀국으로 대리 공사를 맡은 **에드워드 존 닐**)

본국에 통보 후, 본국의 일본 요리 방침을 받아 제대로 된 레시피로 처리해야 할 일.

그때 저 오만한 사무라이들은 유니언 잭의 참 의미를 깨닫게 될 것입니다.

제10장

쇼군 상경

나마무기에서 영국인이 사쓰마 번사들에게
살해당했다는 소식이 런던에 당도.

나마무기 사건을 꼬투리 잡아
일본에 전쟁 걸고 섬 몇 개
정도 뜯어내면 어떨까요?

엉?

외무부장관 **러셀 백작**

이런 이런
작년 쓰시마 사건 때
일본 쪽은 무탈 무난하게 가기로
방침 정한 걸 잊어버렸나?

쓰시마 사건?

212

1861년 3월,
러시아 군함 파사드닉 호가 쓰시마에 내항,
무단으로 기지 건설 시도.

하라쇼!
땅 좀 빌립시다.
월세 드릴 테니.

까악??!

함장 **니콜라이 알렉세예비치 비릴요프**

막부는 러시아 총영사관에 항의했지만,

갑자기 왜
시비죠?

아니, 우리도 모르는 일임;;
비릴요프 함장이 독단으로
벌인 일입죠;;

빨리
철수 좀;

어,
그럼 좀
기다릴까;;

아, 해군 놈들이
영사관 말 안 들어서
무리입니다;; 상부에
연락해야 하는데
시간이 좀 걸릴 듯요;

아오, 바로 다른 서양 열강들
불러다가 난리 쳐야 한다고요!

오구리 다다마사의 쓰시마 사태 해결 방안이
안도 정권에 받아들여지지 않자 오구리는
외국 봉행직을 사임.

다행히 7월에 호프 중장이 영국 동양 함대를 몰고 와 항의 시위.

이에 비릴요프는 러시아 영사관의
명령에 따라 쓰시마에서 철수.

이 해프닝으로 영국 쪽에서도 쓰시마의 전략적 중요성을 인지.

중국을 두들겨 패서 작업치는 데 너무 많은 에너지와 돈이 들었다.

중국에 비해 딱히 득 될 거리도 없는 일본에
단지 군사기지 하나 얻자고 지출을
또 감내할 필요가 있을까?

인도를 지키기 위한 그레이트 게임의 전선을 쓸데없이
저 머나먼 극동 끝까지 확장할 필요도, 가치도 없다.

일본은 그냥 극동에서 러시아와의
완충지 역할이면 충분하지.

그리고 만약 일본이
북방 영토 갈등 등을 거름 삼아
反러 꿈나무로 자라준다면
장기적으로 볼 때, 쓰시마가
문제가 아니라 일본 열도 전체로
러시아를 견제할 수 있다.

괜히 작은 섬의 작은 이득을 탐내
일본에게 원한 살 필요 없다.

예아!
해양문명은 역시
서로 통하는 거죠!

근데, 그러면
나마무기 사건 처리는…
나 때릴 거임?
안 때릴 거임?

안 때릴 테니까
배상금이나
내놓으쇼.

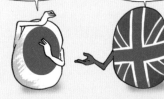

사쓰마 번도
안 때릴 거임?

oh, ㄴㄴㄴㄴ.
사쓰마는 좀 제대로
대가를 치러야
할 거야.

학;

그리하여 1862년 말 현재,
막부와 사쓰마와 영국이
나마무기 사건의 처리를 놓고
협상 진행 中.

같은 히토쓰바시파 정권이니
막부가 사쓰마 사정을 좀
봐주겠죠?! 그쵸?

거, 일본에서 돌아다니려면
칼도 좀 맞아보고 그래야
사무라이 정신도 배우고
명예 일본인도 되고 그러죠.

대포로 현대 문명의 상식을
좀 쏴드려야겠는데요.

한편 조슈 번에서는
히사미쓰의 정국 헤집기 이후,
치열한 번내 노선 투쟁 발발.

막부의 개, 보수파
죽어라!

양아치 뀐 놈들 때문에
조슈가 망한다!!

조정에서는 親조슈파가 親사쓰마파에 밀려나고,
항해원략으로 손잡았던 안도 정권도 사쓰마에 의해
요시노부 정권으로 갈렸잖은가!!

항해원략 밀었던 보수파는 책임지쇼!!

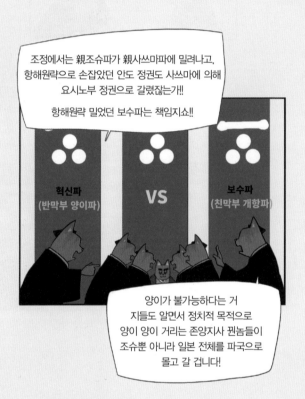

혁신파
(반막부 양이파)

VS

보수파
(친막부 개항파)

양이가 불가능하다는 거
지들도 알면서 정치적 목적으로
양이 양이 거리는 존양지사 뀐놈들이
조슈뿐 아니라 일본 전체를 파국으로
몰고 갈 겁니다!

조슈 번주 모리 다카치카는
히사미쓰와 달리
과묵함과 무위를 통해
유교적 이상 군주상을 추구하는
다이묘.

천하 비책
대발동!!
ㅋㅋ

묵언과 부동이
체통의 외양인 법…

So,
조슈 번주 다카치카는
직접 나서지 않고
번정을 맡은 번사들의
중론이 정해지는 대로
이를 추인해주는
정치 스타일을
견지해오고 있다.

대세의 흐름이 이리하여
번정의 중론은 이리
윤곽이 잡혔사옵니다.

○○,
그리하도록 하라.

그리고
1862년 하반기 조슈 번 번내
노선 투쟁의 대세는―

…번의 중지는
혁신파로 모아졌으니
향후 번정은 그 노선대로
이끌도록 하라.

결국 도막 양이를 주장하는 혁신파가 승리.

항해원략,
친막부 노선은 폐기되고
조슈 번의 정치 노선은
180도 반전.

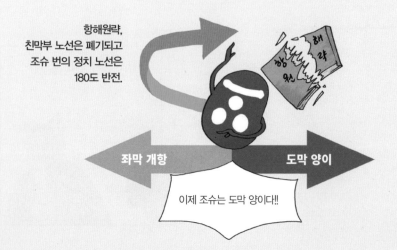

좌막 개항

도막 양이

이제 조슈는 도막 양이다!!

항해원략과 좌막 정책에 대한 책임을 물어
나가이 우타에게는 할복 명령이 내려졌다.

양아치 뀐놈들이
소원 성취
파티하겠구나.

이후, 조슈 번정은 혁신파 리더인
스후 마사노스케가 주도.

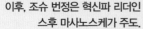

스후 마사노스케

젊은 피 수혈!
화끈하게 가봅시다!

쇼가손주쿠 출신 존양지사들을 번정에 중용.

다카스기 신사쿠

구사카 겐즈이

기도 다카요시

자, 이제 교토와 조정을
다시 조슈의 손에 넣는다!

사쓰마가 양이를 명분 삼아
조정을 장악했으니~

천황께서도
간곡히 바라는
양이해야죠, 양이!

이념 선명성 경쟁!!
우리는 더더욱 선명한
슈퍼 양이로 조정을 손에 넣는다!

거, 양이 양이, 말로만 양이합니까?!
우리 조슈의 양이는 즉시
서양 열강 전체에
선전포고하는 겁니다!!

자, 이를 위해 교토에
존양지사들을 풀어봅시다~

자, 가서
다 썰어버려라!

천주!!

1863년 하반기, 사쓰마가 철수하고 아이즈가 아직 도착하지 않은
교토의 치안 부재 상황에 존양지사들이 크게 날뛰기 시작합니다.

안세이 대옥 때
악명을 떨친 막부의 앞잡이,
시마다 사콘이 살해되어
그 목이 다리에
효수당하는 걸 시작으로

사콘은 그 위세를
빗대는 별명이었는데,
死콘이 돼부렀어;;

※ 사콘左近:
좌근위대장.

막부를 위해 일하는 교토의 하수인들이
하루가 멀다 하고 썰려나갔으니

교토에 천주의 시대가 도래한 것.

천주!!
(천벌)

천주
추가요!

천주교 신자
손 들어보세요!

천주
받아라!

天誅

이 천주 레이드를 주도하며 교토의 밤거리를
지배한 세력이 도사 번에서 올라온 도사 근왕당.

도사 근왕당 지도자
다케치 한페이타

The Murderer
오카다 이조

대자보 100장 쓰는 것보다
칼질 몇 번 하는 게 이름 알리기에
훨씬 효과가 좋더이다.

난세에는 살인도
스펙입니다.

이 분위기를 더욱 복돋우기 위해
신사쿠는 이토·이노우에 등을 데리고
에도의 영국 공사관 신축 공사 현장을 방문.

1863년 1월 31일, 조슈 번사들, 영국 공사관 방화.

조정 귀족들이
교토의 무법 천지화에
경악을 금치 못 하는 가운데―

아 놔,
수도 이전하든지 해야지,
이거 진짜;;

조정을 움직이기 위해선
협박과 뇌물― 이 둘이면
충분한 거죠.

동시에 각종 로비도
활발하게 진행.

1862년 말, 조정에서는
親조슈 세력에 의한
親사쓰마 세력 축출.

이와쿠라 공!
대체 막부와 사쓰마에게서
얼마나 받아 처먹은 겁니까!

아니, 저기;;
나만 받았나요;;

산조 사네토미
三条実美

간신 모리배
이와쿠라를 조정에서
축출합시다!

親조슈 공경 산조 사네토미의 주도로
조정에서 쫓겨난 이와쿠라는
존양지사들의 척살 리스트에도 등재.

KILL
역적 이와쿠라 도모미

아오;
정치판 더럽다.
더러워.

이와쿠라는 목숨을 부지하기 위해
교토를 탈출. 교외의 본가에 은거.

관백도 親사쓰마파인
고노에 다다히로에서

반년 만에
관백이 세 명-
확확 바뀌다니
과연 난세로다;;

親조슈파인
다카쓰카사
스케히로로 교체.

조슈의 공세에 사쓰마가
딱히 반격을 꾀하지 못하는 것은,
사쓰마가 나마무기 사건 대응에
정신 팔려 있기도 하거니와,

양이를 명분 삼아 정치 공작
해왔는데 더 과격하게 명분적
우위를 선점한 상대에 대해
시비 걸기가 쉽지 않네요;;

우리 양이는
진짜로 가는 양이야!
Go양이지!

교토의 정세 변화에 따라 에도에서는―

親조슈파가 장악한 조정이 쇼군에게 빨리 교토에 상경·입조하라고 징징거리는군요.

가긴 어딜 가요! 적지에 우리 쇼군 보내지 마요!

상경 독촉장

쇼군 후견직 도쿠가와 요시노부

교토 같이 가! 부부 동반 ㄱㄱ!

어, 음;; 요즘 교토에 미친 살인마들이 날뛰고 있다는데;;

쇼군 경호대가 잡놈들한테 뚫릴 레벨은 아니니 그런 걱정은 마시고. 아이즈 애들이 슬슬 교토 치안 바로잡을 겁니다.

진짜 문제는 조정이 즉각 양이를 독촉할 것인데, 이는 결국 교토에 가서 담판 지을 문제입니다.

요시노부는 산조와 양이 실행을 놓고 협상.

강 이 나라 통치·군사 모두
조정이 알아서 하도록 막부는 손 뗄 테니,
조정이 깃발 들고
양이전쟁 지휘하시죠?

아니, 그러자는 게 아니고;
각자 맡은 일 열심히
하자는 뭐 그런 거죠;;

조정이 막부에 일을 명하고 싶으시다면,
막부가 제대로 조정의 명을 행할 수 있는
기반을 확실히 해주십사 하는
바람이 있습니다.

뭔 기반?

사실 지금 쇼군의 법적 지위는
조정이 일본 전체의 사무라이들을 통솔토록
내려준 정이대장군 지위일 뿐,

일본이라는 국가의 통치권을 맡긴 게 아니죠.

쇼군이 사무라이들을 통솔하고,
사무라이들이 지방 각지를 영지로 삼아
다스리니, 자연스럽게 막부가 일본 전체를
다스리는 구도가 되는 것일 뿐.

지금 도막파들은 여러 번의 영지·영민이 아닌
일본이라는 하나의 국가, 일본인이라는
하나의 국민을 놓고 봤을 때,

막부가 이 국가와 국민을 지배하는
정부로서 법적 지위도, 권위도
갖추지 못하고 있다고 주장합니다.

막부는 그냥
정이대장군의
사령부일 뿐이지!

이를 해결하기 위해, 천황이 쇼군에게 정말로
'일본'의 통치권을 맡겨놨다는 그림을 만들어주시죠!

○○, 막부가
일본 정부인 거
ㅇㅈ.

이것이 미토학파가 오래도록 그려온
천황과 쇼군의 정합적인 관계!
트루 공무합체!

막부를 뒤엎고자 꾀하는 불순한 무리들도
이 그림에는 더 할 말이 없을 겁니다.

막부가
천황이 인정한
일본 정부다!
이 역적 놈들아!

크윽!
조잡한 수작을;

ㅇㅋ ㅇㅋ, 양이 실행령을 통해
그런 그림이 완성될 겁니다.

So- 양이는 바로
실행해주시는 거죠?
다음 달이 좋겠는데요.

으음…

쇼군께서도 일정이
좀 빡빡하신지라…

다음 달 스케줄
비는 날이…

· · ·

1863 캘린더

굽씨의 오만잡상

소위 존양지사란 자들이 마구 사람들 썰고 다니던 시절에, 그 악명을 크게 떨친 이들로는 막말 4대 히토키리(인간 백정)가 유명하지요. 이들은 보통 두 자릿수의 인명을 살상했다고 알려져 있는데, 시대가 시대인지라 정확한 Kill수는 알기 어렵습니다.

오카다 이조

도사 번 출신 향사로 도사 근왕당의 킬러로 활약. 천주의 명인이라는 별명을 얻는다. 잠시 가쓰 가이슈와 존 만지로의 경호를 맡아 자객들을 처치하기도. 1864년 체포되어 도사로 압송. 도사에서 혹독한 고문 끝에 도사 근왕당의 암살 사주 리스트를 털어놓아 도사 근왕당 숙청의 빌미를 제공. 사용 검 브랜드는 명품 히젠 타다히로였고 그 외에 가쓰 가이슈가 준 프랑스제 권총도 사용했다고.

다나카 신베에

사쓰마 번 출신으로 원래는 상인 계층 출신이었다고 함. 시마다 사콘을 암살하여 교토 천주의 서막을 알린다. 이후 도사 근왕당과 교류, 자객 무리를 이끌고 다니며 살인 행각을 이어나간다. 1863년 조정 대신 아네가코지 킨토모 살해 사건으로 체포되어 심문받던 중 관헌들의 방심을 틈타 칼을 낚아채 자결.

가와카미 겐사이

구마모토 번 출신 하급 무사로 제법 학식을 쌓았고 구마모토 번의 공직도 맡은 바 있다. 신센구미에게 살해당한 동료의 원수를 갚기 위해 교토로 올라가 칼질에 나선다. 그리 칼질을 하다가 사쿠마 쇼잔을 베고 난 이후에는 아까운 사람을 죽였다는 후회로 히토키리 노릇을 그만두었다고. 조슈로 쫓겨난 산조 사네토미의 경호를 맡기도 하고, 조슈군의 편에 서서 2차 조슈 정벌 전쟁에도 참전. 메이지 유신 이후에도 끝까지 양이의 신념을 버리지 않고 신정부의 서양화 정책에 반대하다가 그경 사건, 히로사와 암살 사건 등에 연루된 혐의로 1871년 처형당함.

나카무라 한지로

사쓰마 번 출신 하급무사로 히마미쓰의 교토 상경 때 교토로 올라와 교토에 주재하는 사쓰마 번병의 일원으로 근무. 이후 사이고 휘하에서 여러 비밀 임무를 맡아 활동했다고 한다. 처마의 빗방울이 떨어져 땅에 닿기 전에 칼을 세 번 뽑는 경지의 검술 실력을 지녔다고 한다. 도고 헤이하치로의 스승으로 유명한 친영파 군사학자 아카마스 고사부로 암살범이 이 사람이다. 메이지 유신 이후 육군 장성으로까지 출세했지만 이후 하야하고 사이고를 따라 반란에 가담. 1877년 세이난 전쟁 최후의 전투에서 정부군의 총탄에 맞아 전사한다.

당연한 얘기지만 유명한 히토키리 치고 제 명에 죽은 사람은 없습니다.

제 11 장

양이는 양이양이하고 웁니다

1863년 6월, 조슈Five, 영국行.

그렇게 막부가 박살 나 찌그러지는 상황은, 우리 혁명 세력이
천하를 차지할 수 있는 금쪽같은 찬스가 되지 않겠습니까?

–라는 느낌으로 조슈 놈들의 속내가 저리 흉악한데,

어찌 양이 결행 날짜를 이리 덥석 확정 지으신 겁니까?!

이를 통해 막부와 조정이 공무합체로 함께 가는 그림을 보이려고 말이죠…

날짜는 또 하필 쓸데없이 기억 잘 나게시리 6.25여?!

D-DAY 6.25!

양이 실행령의 수행 주체가 막부라는 사실을 통해 막부가 정식 일본 정부라는 걸 천하에 보여줄 수–

정식 일본 정부는 무슨! 우리 안과 조정 안이 전혀 다르잖아요!!

정사총재 **마쓰다이라 슌가쿠**　　　쇼군 후견직 **도쿠가와 요시노부**

막부의 공무합체 체제 구상은 실권 없는 천황을 명예회장으로 앉히고 막부가 그룹 오너 회장으로 일본 전체를 이끌어가는 건데–

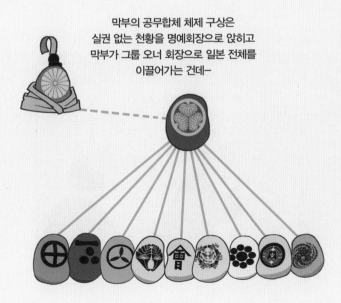

조정의 공무합체 체제 구상은
조정이 오너 회장으로 꼭대기 층에 앉아서
막부를 월급 CEO로 부리겠다는 거잖아요!

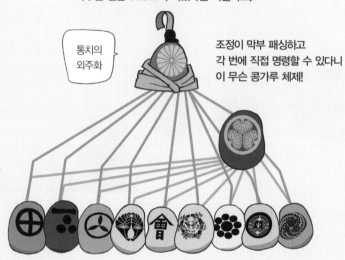

통치의
외주화

조정이 막부 패싱하고
각 번에 직접 명령할 수 있다니
이 무슨 콩가루 체제!

저런 공무합체를 위해
미친 양이전쟁이라니?!!

이런 식으론 일 못 하겠습니다!
저 사임합니다!!

허, 거 참;;

마쓰다이라 슌가쿠, 정사총재직 사임.

막부 내에서는 요시노부의
對조정 순응 정책에 대한 반발 부글부글.

이제 와서
양이라니;
미친 거 아님?

미토 놈들, 역시
막부를 조정에 들어다
바치려는 속셈이야.

· · · · ·

안팎으로 비판의 화살이 빗발치는 가운데,

이 고비를 어떻게든 얼렁뚱땅 흐지부지
넘어가기 위한 책략이 필요합니다.

저, 나님이 진짜
지휘봉 잡고 양이전쟁에
나서야 하는 건가요?

그런 일이 일어나지 않도록
일단 꾀병을 좀
부리셔야겠습니다.

꾀병으로 전쟁을
피할 수 있다고요?

양이전쟁의 결행을 앞두고 천황이 쇼군에게
전쟁 지휘를 위임하는 어검 수여 출정식−

그리고 막부는 나마무기 사건, 영국 공사관 습격(2차로 또 습격함),
방화 사건 등의 배상 협의를 위해 협상 중이던 영국 측에 비공식 접촉.

결국 이게 다 국내 정치용 쇼인데 어찌어찌 장단 맞추는 시늉 안 할 수가 없는 사정을 좀 봐주십사 하는—

호오~

양이 명분 싸움이 일본 정치판에서 어떤 식으로 돌아가는지에 대해—

자세한 사항은 《본격 한중일 세계사》 책을 구입해 보시면 잘 이해되실 겁니다.

양이전쟁 결행 직전 시점의 막부는 양이 결행을 확언하는 여러 공문들로 조정을 안심시키고,

양놈들 일본에서 다 나가라!! 나가라! 가라! 가라! 가라!

서양 공관들에는 여러 루트를 통해 양이전쟁이 실제로 결행되지 않을 것임을 언명.

…가라 가라 가라 가라— 이거 다 '가라'인 거 아시죠?

지방 여러 번들에는 막부의 여러 채널,
여러 로비스트들을 통해 막부의 속뜻을 전달.

지방 번주 여러분,
조정의 과격분자들 양이 놀음에
놀아나 괜히 양놈들한테 시비 걸다
처맞고 털리면 조정에서 무슨
열녀문이라도 세워준답니까?

얼마 안 가 다 흐지부지될 것이니
이 플로우 지나갈 때까지 그냥
조용히 눈팅들 하고 계시길.

음, 그건 맞는 말.

우리 번이 괜히
먼저 나설 필요 없지.

지방 번들도 대충 막부의
흐지부지 공작에 합류한 가운데-

1863년 6월 24일,
양이 결행 D-Day
하루 전날.

막부와 영국의
배상금 협상 전격 타결!
배상금 바로 일괄 지급!

그리고 대망의 6월 25일이 밝아오고~ 막부는 양이 포고령을 발표.

며칠 후에는
포고령의 조치들에 대한
물리적 이행 의사 없음과
사실상의 취소 의사를
각국 영사관에 구두로 전달.

이 막부 사기꾼 놈들이
양이 결행의 맹세를
농락해부렀어??!

아니, 양이를 '전쟁'으로 한다는
구체적인 방법론을 약조한 건
아니거든요?

요코하마 항구 폐쇄 '협상'을
진행 중이니 좀 지켜보시죠.

그리하여 양이전쟁의 위기는
흐지부지 지나가고.

개항장에서는 일본인들과 서양인들의 교역이
계속 평화롭게 이어지나 싶었는데―

양이 거르고
냥이 밉시다.

뚜슝

저 멀리 서쪽에서 울려오는 포성.

윙?

(고쿠라 번 전력이 후달려서 항의만 할 뿐, 맞서지는 못 함)

그리하여 D-Day 다음 날인 6월 26일 새벽,
해협 통과를 위해 정박 중이던 미국 상선에 대한 포격으로
조슈의 양이전쟁 개전!

미국 상선은 그대로 해협을 벗어나 상하이로 줄행랑.

7월 8일에는 프랑스 상선을 향해 포격, 명중!

교섭 시도를 위해 접근한 프랑스인 네 명 사살.

프랑스 상선도 도주,
나가사키行.

7월 11일, 외교 사절이 탑승한
네덜란드 함선 포격.

네덜란드인들은 교전을 시도하다가 네 명이 목숨을 잃고 도주.

이러한 조슈의 폭거에 먼저 미국이 반응.

미국이 내전 중이라고
조난 만만히 보이냐?!

마침 일본에 와 있던
USS 와이오밍 출격!!

원, 그러지 마시지 말고
말로 해결하지 마시고
평화롭게 대화에
나서지 마시죠.

2대 주일 미국 공사
로버트 프라인

7월 16일, 미 해군 1,500톤급 프리깃 와이오밍 호
시모노세키 앞바다 도착.

280mm 포 2문
60파운드 포 1문
32파운드 포 3문

헉, 저 이양선은
좀 세 보인다;

와이오밍은 포대의 사정거리 밖에서
조슈 함선들을 사냥.

체급 차
자비 좀;

와이오밍은 이날 조슈의 증기선 두 척을 격침시키고
포대를 포격한 후 요코하마로 회항.

사실상 조슈 해군
전멸이죠;;

이제 원래 임무인
남부연합 통상파괴함
잡으러 갑니다.

사람 죽었는데! 프랑스도
그냥 넘어갈 수 없죠!

동양함대 출격!

저희가 애들을
잘 가르쳤어야
하는데 이리
폐를 끼쳐드려서 원;;

프랑스 공사 **구스타프 벨쿠르**

7월 20일, 프랑스 동양함대의 2,500톤급 프리깃
세미라미스와 포함이 단노우라에 진입.

30파운드 포 등
30~60문 탑재

음; 이제 우리
격침시킬
배도 없는데?

세미라미스의 포격으로 단노우라 포대 초토화.

으엌! 포대가 목표였구나!

그리고 해병대가 상륙해 포대 점거, 시설 파괴.

모든 프랑스인이 다 일뽕은 아니랍니다.

이후 포대 근처 마을에 불을 지르고 돌아간다.

물속에 웬 청동검이 있더라고.

혼자 오버 떨다가 혼자 자멸하고, 저런 찐따 종특은 숨기려야 숨길 수 없는 DNA의 각인 같은 거죠.

이제 슬슬 사쓰마가 다시 조정을 손에 넣을 타이밍이─

국부님!! 저기, 앞바다에!

뭔 소란이냐?

밖에, 앞바다에 말입니다!!

앞바다에 말? 말도 의외로 헤엄 잘 치지.

촤르르륵

언제나처럼 덥고 습한 규슈의 화창한 8월 날씨─ 음?

촤르르륵

1863년 8월 11일,
영국 동인도─중국 함대 함선 일곱 척,
가고시마 앞바다 도착!

두궁!

To be continued

254

제12장

사쓰에이
전쟁!

BUT

주일 공사 **올콕**

지지난 장에서 이미 설명한 대로,
영국은 일본에서 영토나 경제적인 이득을
딱히 크게 추구할 바가 없고,

장기적으로는 러시아에 대한
우호적 완충지대로 삼고자 합니다.

재무상 **글래드스턴**

그리고—
크림전쟁 이래, 인도와
중국, 뉴질랜드에서 연이어
벌이는 군사 행동으로
헛돈이 줄줄 새고 있습니다!

이득이 있으면 군사 행동에 나서야지, 군사 행동에
나서기 위해 이득을 검토하는 건 본말전도죠.

그리고 보스가 딱히
일본에는 관심이 없음.

크룽크르헠
미국 내전, 어떻게든
건들고 싶다아아앍.

무엇보다 막부가 영국에 대한
유화적 태도를 견지하며
배상금을 순순히 지불하고,
양이전쟁을 회피한 것이 주효.

배상금도 다 내드리고,
요코하마에 영국 병력 1,000명
주둔도 허용해드립니다~

이리 고분고분한 막부의 태도는
청 조정의 오만한 뻐팅김과는
차이가 큰 것.

근데 칼을 뽑았으니 무라도 썰어야지!
나마무기 사건을 벌인 사쓰마에 대해
따로 징벌적 배상금과
범인 인도를 받아야겠소!

헉?

어휴,
그러시지마시지마시지;

그리하여
양이전쟁에 대비해
요코하마에 불러들였던
동인도 중국 함대
일곱 척의 함선,
사쓰마로!

극동 변두리 섬나라
시골 사무라이들에게
세상 무서운 것 좀
가르쳐주자!

동인도 중국 함대의 사령관은 작년에
호프 제독에서 쿠퍼 제독으로 교체.

동양인들의
해안 포대는 예상보다
만만치 않을 수 있으니
방심하지 마시오.

늬예~ 늬예~

어거스터스 L. 쿠퍼 제독

1863년 8월 6일,
함대는 요코하마를 출항.

5일간의 항해를 거쳐—

하지만 솔직히 우리가 후달리죠;
최신형 암스트롱 포까지 장착한
세계 최강 영국 함대라니 말입니다;;

크읗;;
요시노부가 에도에서 영국 놈들이
사쓰마로 오지 않도록 잘
얘기해주는 거 아니었나?!

요시노부가
국부님 싫어한다는 거
눈치 좀 채시죠.

일단 영국 측과 협상부터 진행.

자자,
무슨 오해가 있는지
말로 풀어봅시다.

막부에게서 받은 배상금을
보란듯이 갑판에 쌓아놓음.

막부의 외국 봉행소(외교부)에서 지원해준 번역사 후쿠자와 유키치가
영국 측 요구 내용을 오역해서 양측에 오해가 생겼다는 야사도 존재.

결국 8월 13일, 협상 결렬.

8월 14일, 가고시마 시내 숯주민 소개령.

몇몇 번사가 수박 장수로 위장하고 영국함에 테러를 시도했지만 실패.

사쓰마 증기선들을 나포해
끌고 가는 영국 함대에 대해,

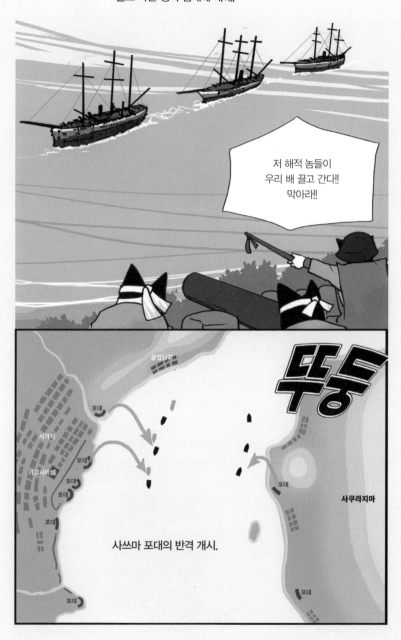

결국 사쓰마 증기선 세 척은 예인을 포기. 불을 질러 가라앉힘.

그리고 단종진을 짜고
해안 포대에 포격 개시.

이것이 세계를 제패한
대영제국의 전열 포격이다!

사쓰마 번의 구식
전장포에 비해—

우리도
작렬탄 쏜다!!

영국군의 후장식 암스트롱 포가 크게 우월해 보이지만,
딱히 성능상의 우월함을 보여주진 못함.

그럼에도
영국 함대가
정확한 포격으로
포대를 하나씩
침묵시키던 중에—

오후 3시, 포대에서 발사된 박격포탄 한 발.

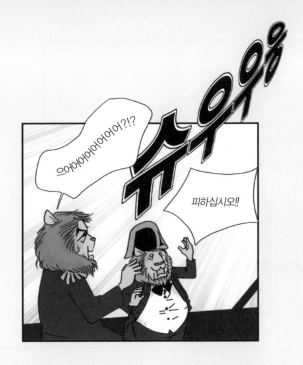

영국 함대 기함 유리알러스 함교에 박격포탄 직격.

좌초·손상된 함선들을 예인해서 포대 사정거리 밖으로 벗어나도록!

그리고 보복으로 가고시마 시내를 쓸어버려!!

로켓 발사!! 뿌슝뿌슝!!

쿠오아!

영국 함대의 포격으로 가고시마 불바다. 공업단지와 가택 500여 호, 각종 시설 전소.

크윽;; 조상님들 뵐 면목이 없다 ㅠㅠ

주민들 미리 대피시켜놓길 천만다행이네요;;

코펜하겐과 피포격 자매도시 결연이라도 맺어볼까.

※ 코펜하겐도 나폴레옹전쟁 때 영국 함대의 포격으로 불바다.

다음 날 8월 16일까지
가고시마 포격을 이어간 후,

이제 슬슬 포탄과
석탄이 오링 나겠는데요;;;;

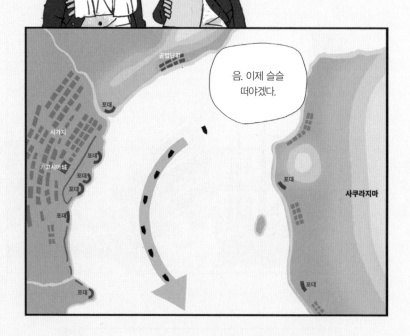

음. 이제 슬슬
떠야겠다.

공업단지

포대

시가지

가고시마城

포대

포대

포대

포대

사쿠라지마

포대

포대

포대

나리아키라 어르신 때
만든 물건을 이제 써먹네.

가고시마 만을 빠져나가려는
영국 함대 요격을 위해
사쓰마의 비밀 무기 대방출!

나리아키라 시절에 서양에서
설계도를 들여와 만든—

본격 전기 신관 기뢰!

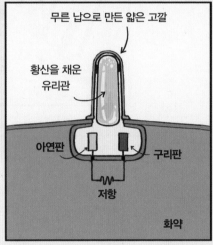

당대의 전기 신관이라면 대충 이런 느낌.

무른 납으로 만든 얇은 고깔

황산을 채운
유리관

아연판

구리판

저항

화약

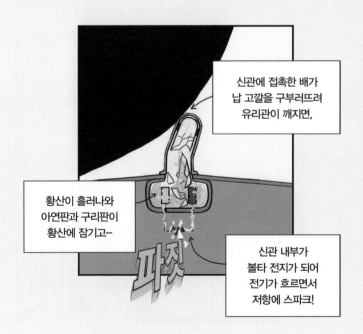

신관에 접촉한 배가
납 고깔을 구부러뜨려
유리관이 깨지면,

황산이 흘러나와
아연판과 구리판이
황산에 잠기고—

신관 내부가
볼타 전지가 되어
전기가 흐르면서
저항에 스파크!

파짓

그 스파크로 화약 점화!

꽈꽝!

※ 이 전기 기폭 장치는 1868년에 헤르츠 호른이라 이름 붙여졌지만, 그 전부터 이미 기뢰에 쓰이고 있었다고.

But— 영국 함선들은 세 개뿐인 기뢰를 건드리지 않고 그냥 지나감.

뭔가 쎄—한 느낌이 들었는데…

쳇.

가고시마

1863년 8월 17일, 영국 함대는 가고시마 만을 완전히 빠져나와 철수.

후, 저 화산이 터질까봐 계속 신경 쓰였어요;

쳇, 차라리 화산이나 터지면 좋았을 것을…

인원 손실은−

사쓰마	영국 함대
사망 5명,	사망 13명,
부상 9명.	부상 50명.

물론 포대의 튼튼한 벽 뒤에 엄폐한
수비 측의 인원 손실이 적은 게 당연하고−

도고 헤이하치로(15세)
(실제로는 다섯 째 아들)

암스트롱 포가 함내 폭발을 일으켜
영국 측 피해를 늘렸다는 설도.

하지만 가고시마 포격으로 인해 사쓰마 번이 10여 년 동안
공들여 가꿔온 공장과 연구 시설들 초토화.

제철소, 조선소, 군수 공장, 유리 공장, 방적 공장,
양학 연구소, 각종 자료 등등이 모조리 잿더미로.

가고시마 시내 전소와 함께, 사쓰마의 증기선 세 척
모두 침몰, 그 외 잡다한 선박들도 다수 침몰.

근데 양이 정책 변경으로 번사들의 여론이 뒤숭숭해질 수 있으니, 번 내 여론을 다잡을 수 있는 인물- 사이고를 유배지에서 불러들이는 게 좋겠습니다.

ㅇㅇ;

으헣헣헣ぁ霧헣ㅎ
Freedom!

1864년 3월, 사이고 다카모리 유배 해제.

국제 여론은 영국의 망신을 크게 비웃는다.

으익ㅋㅋ 무 썰다가 손가락 베었억ㅋㅋ

열 받아서 민가에 로켓이나 쏟아붓고 말이지 ㅉㅉ 명불허전 영국 험성.

서구사회의 對일본 인식에도 영향.

저 무사 사회 일본 열도는 일개 지방 군벌도 만만치가 않아요.

서양의 무기를 수입하고 전술을 익힌 Japs를 얕잡아보면 안 될 것.

NewYork Times

NY

사쓰에이 전쟁을 계기로 영국이 사쓰마를 만만찮은 상대로
인정하며 교섭 상대로 삼는 계기가 되었다고도 여겨진다.

너 이 셰퀴,
깡 좀 있구먼!
인정해주지.

마, 한 수
배우겠시다!

깡패는 깡패를 알아본다.

MEANWHILE 에도에서는—

7월에는 조슈가 혼자 양이전쟁하겠다고
날뛰다가 양놈들한테 얻어터지고.

8월에는 사쓰마가 우쭐대다가
가고시마를 홀라당 태워먹고.

교토에서 조정을 농단하고 막부를 무시하는
이른바 웅번이라는 놈들이 저리 탈진하고,
양이의 허황됨이 천하에 까발려진 이 시점!

반격의 러시 타이밍입니다!

어;
무슨 타이밍요?

막부가 교토를 장악하고
다시 조정을 손에 넣을 타이밍이죠!!

으어;

So, 교토에서 날뛰는
존양지사 패거리들은 곧
싹 쓸려 나갈 것입니다!!

영국군의 포격으로 가고시마가 불바다가 되었을 때 소실된 시설 집성관. 시마즈 나리아키라 시절부터 서양의 앞선 기술을 연구하기 위해 심혈을 기울여 조성한 서양 문물 연구단지였지요. 이 집성관을 통해 사쓰마 번은 반사로를 제작, 강철 대포를 주조해낼 수 있었고, 1855년에 이미 자체적으로 증기선 실험을 진행했으며, 근대적 면직기를 도입하여 서양식 범선의 범포를 짜냈던 것입니다.

19세기 초까지만 해도 일본 다른 번들과 마찬가지로 빚더미 위에 올라앉아 있던 사쓰마가 저렇게 서양 문물을 도입할 수 있었던 재정적 뒷받침은 일단 그 유명한 배째라 번제를 들 수 있겠습니다. 나리아키라가 번주에 앉기 전, 사쓰마 번정은 상인들에게 진 채무에 대해 250년 상환을 일방적으로 통보합니다. 이 무지막지한 뻔뻔함으로 이후 사쓰마 번정의 국내 금융 자금 융통은 불가능해졌지만, 아마미 군도를 더욱 쥐어짜내 수탈한 설탕과, 류큐를 통한 대중국 밀무역으로 재정을 꾸려갈 수 있었습니다.

그리고 심수관 가문으로 대표되는 조선 도공들의 후예가
사쓰마 영내 미야마에서 도자기를 굽고 있었는데,
이 명품 도자기들이 큰 호평을 받으며 유럽에 수출되어
사쓰마 번 외화 획득의 일등 공신이 됩니다.

그래도 부족한 돈은 결국 위조 화폐 제조로 충당하였는데,
금 함량이 현저히 떨어지는 악화였습니다.
이런 악화 위조 화폐를 약 121만 파운드(현재 가치로 약 2,300억 원)어치나
찍어서 전국에 유통시켰으니 막부 입장에서 보면 역적도 이런 역적이 또 있겠나 싶습니다.

제13장

8.18 정변!

1863년 중반,
서양 함대의 포격에도
조슈는 간몬 해협
봉쇄를 이어가고,

교토에서는 親조슈파
공경들이 조정을 장악,
양이전쟁의 명분을
역설하고 있다.

양이전쟁에 홀로 나선
조슈야말로 충신이요,
막부는 겁쟁이 사기꾼이다!

이에 막부에서는 교토 제압
강경론이 제기되고, 영불 공사들도
지원 의사를 밝힌다.

막부 병력으로 교토 점령하고
계엄령 때려서 다 쓸어버리죠!

안티 서양 양이꾼들
청소하는 일이라면
군함을 지원해드리겠소.

아, 그건 좀…

무력으로 교토를 제압하면
속이 시원하기야 하겠지만,
이는 하책 중의 최하책입니다.

이 복마전 마계 City,
진작에 쓸어버려야
했는데!

이를 강행할 경우,
천하가 시대를
의심하게 될 것입니다.

So- 교토에서 조슈세를 몰아내는 것은 막부의 완력이 아니라
천황의 뜻과 천하의 공의여야 합니다.

슬슬 그런 그림의 윤곽이 드러나고 있으니,
천리 밖에서 바람만 살살 잡아주면
그림이 저절로 완성될 겁니다.

절 대 양 이 해!

조슈가
쫌…

이를 위해 교토에 있는 교토 수호직 가타모리 공과 연락을 이어가고 있죠.

가타모리 공, 요즘 교토 분위기 어떤가요?

교토 수호 예산 지원해줄 거 아니면 연락하지 마세요.

아이즈 번주
마쓰다이라 가타모리(27세)

분큐 개혁 때, 교토의 치안을 책임질 교토 수호직이 아이즈 번주에게 제안되었고,

아이즈 번

가신들의 반대를 무릅쓰고—

교토 경비라뇨?!! 번 예산을 모조리 교토에 처박으실 생각이십니까?!

저 마굴 교토 정치에 깊이 개입해서 무슨 좋은 꼴을 보겠습니까?!

가타모리는 젊은 혈기로 교토 수호직을 수락.

난세의 불길을 잡는 데 역할을 다하는 것이 제후의 책무 아니겠소?!

1863년 초, 가타모리는
아이즈 번병을 몰고
교토 입경.

아이즈 정규 병력은 어소(황궁)와
관공서, 공가 저택 구역 경비를 맡는다.

아이즈 번병 이외에도 조슈·사쓰마·에치젠 등 교토에 번저를 둔
번들의 번병들이 천황 어소의 여덟 개 문 경비를 맡고 있다.

그리고 교토 시내 저잣거리의 치안,
양이지사 색출, 대테러 임무를
수행하기 위해 따로 조직을 신설.

원래 쇼군 상경 때
경호를 위해 모집했던
프리랜서 낭사들을
활용하기로 했죠.

경비, 치안 업무
정력직 우대
전과 무관
한자 황금 이상
숙식제공
사대보험 미비

그리하여 **미부로시구미** 발족!

壬生浪士組

원래 존양지사였다가 전향한
미토 낭사 세리자와 가모를 수장으로.

근데 세리자와 가모가
상당히 질이 나쁜 인간이었던지라,
미부로시구미는 양민 폭행과
금품 갈취를 일삼는 조직이 되고.

존양지사 잡으려고
조폭을 동원했어?!

나라를 위해 일하는데
성의를 좀 보여라!

사무라이 버전
정치 깡패는
무시무시하구나;

가타모리는 교토 치안 안정을 위해
존양지사들의 이야기도 들어보려는 등
노력과 정성을 기울이지만,

막부의 개 노릇 하는
나으리에게 무슨 할 말이
있겠소이까!

한큐 전철 요금이나
좀 내려주세요!

1863년 여름, 양이전쟁의 분위기를 타고
교토의 존양지사들은 더더욱 기세등등.

막부 어용 유학자·로비스트 등이 계속 토막 살해당한다.
그 토막 낸 시신들은 좌막파(親막부) 공가 저택·번저 등에 투척.

※ 토막討幕:
막부를 토벌.

토막파(反막부)라서
토막 살인이냐?!

그 와중에—
원래 극렬한 양이파였던
조정의 공경
아네가코지 긴토모—

양귀 고 홈!
민족 자주!

일단 이번 런던 엑스포 62
가이드북을 좀 봐보시죠.

으어! 스팀펑크 쩔어!!
이게 진짜 문명이구나!

막부 관료 가쓰 가이슈의
브리핑 이후 개국론으로 전향.

덕분에 7월 5일,
존양지사에게
암살당한다.

죽어랏!
변절자!

으허얽; 런던에
가보고 싶었는데!!

으어;; 나름 명문가인
우림가 출신 조정의 참의까지
이리 살해당하다니!!

교토의 조슈 세력은
이 사건을
정치적으로 이용.

으으음…
교토 혼파망의 근본적 해결을
위해선 아무래도 저 조슈를…

So~! So~!
그거죠!

MEANWHILE

간몬 해협에서 홀로 양이전쟁을
치르고 있는 조슈는−

크악!
일본 300여 번 중
오직 조슈 혼자!

있는 돈 없는 돈
다 처 부으면서
양이전쟁이라니!!

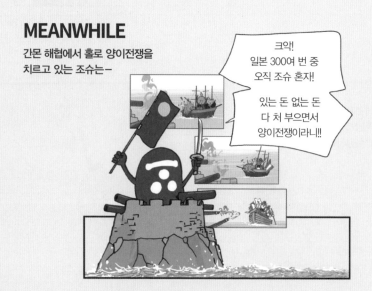

조슈가 교토 조정을 장악하곤 있지만 양이전쟁 구도에서는
막부의 전쟁 회피 공작에 밀려 고립을 면치 못하는 것.

그 와중에 8월, 사쓰에이 전쟁이 터지니—

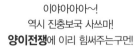

이야아아아~!
역시 진충보국 사쓰마!
양이전쟁에 이리 힘써주는구먼!

조슈와 사쓰마! 양대 웅번이 이리
양이전쟁에 함께 나서니 가오 쩔어!

사쓰마에 열심히
친한 척 시전.

親조슈 조정에서
사쓰마에 양이전쟁
공로 포상도 내림.

친한 척하지 마라
또라이 님아.

음?

분명히 해둘 건, 우린 양이전쟁을 한 게
아니라 그냥 영국과의 사적인 트러블로
사전私戰을 벌인 겁니다요~

깃발도 사쓰마
깃발만 씀.

음?

영국과의 화의 교섭 중재를 막부에
부탁하기 위해 굽신거려야 하니까

오해 사지 않게 좀 꺼져줄래.

...

크아앗!! 다 필요없어!!
영국이고 막부고 조슈 혼자서
다 찢어버린다!!!

조슈아아아아

1863년 9월 5일, 조슈의 간몬 해협 봉쇄를
풀기 위해 막부가 보낸 함선 초요마루가
시모노세키 도착.

거, 적당히 하고 이제
막부 말 좀 들어라.

. . .

그 함선은
양이전쟁에
잘 사용하리다!

조슈 측은 초요마루 나포.

막부의 칙사는 살해.

미, 미친놈들이 드디어
본색을 드러내는구나!

크릉크앙
다 죽여버리겠다!
존왕! 양이! 토막!

저, 저, 미친놈 저거
어떻게든 해야겠지?

웅성웅성

조슈 최후의 카드!
천황 친정!!

양이전쟁 구도에서 조슈의 고립이
심화되고 파국이 예견되는 시점에서–

天皇親征

천황이 직접 사령관이 되어
양이전쟁의
지휘봉을 잡는다!!

으엥?
What?

무쓸모 막부는 치워버리고!
천황이 직접 총사령관이 되어
일본 천하의 통수권을 발동!

숲일본 모든 번에 양이전쟁에
나설 것을 군령으로 명하소서!

헐퀴?

탓

명 받들겠사옵니다~!

그리되면
어느 번이 감히 천황이
직접 이끄는 전쟁의 참전을
거부할 수 있을 것인가!

親조슈파 대신들은 이를 조정의 중론으로 밀어붙인다.

여동생을 쇼군에게 시집보내는 등등
이제까지 對막부 정치 공작에 공들인
모든 것은 오로지 공무합체를 위함이었는데!

이 미친놈들이 대놓고 공무합체 파괴-막부 삭제를 외치다니?

고메이의 속끓임에도 조슈 측은 10월 중으로
천황의 진무천황릉과 이세신궁 행차 계획을 강행.

어; 음;;

자자,
역사적으로 다 여기 참배하고
친정 선포했다고 합니다.

그리고 그 예식과 함께,
야마토의 존양지사 그룹 천주조가 거병.
양이전쟁과 토막 선포를 동시에 터뜨리는 걸로 계획.

양놈들
다 몰아내고!

막부를
토멸한다!!

이 무리수를 앞두고 여러 당사자의
고민이 교집합을 모색하게 되고.

미친;; 그딴 망상에
장단 맞춰줄 줄 아냐;;

교토에 더는
미친 피바람은
Naver…

공무합체를
지키고 다시
센터로…

자~, 그럼 여러분~
슬슬 단톡 방 파시죠.
ㅎ

9월 말, 사쓰마와 아이즈, 황실의 대리인들이 비밀리에 접촉.

병력은
아이즈 쪽에서
움직여주셔야−

어명이
확실히 있어야
될 텐데요.

OO, 확실히
있을 거요.

사쓰마 중역   아이즈 중역   황실 방계
다카사키   **아카즈키**   **아사히코 친왕**
마사카제   **데이지로**

9월 29일,
천황의 어명이 떨어지고.

조슈 애들 요즘 살짝
맛이 가 있으니까 최대한
살살 부드럽게 진행요−

넵.

296

자정을 기해 反조슈파 공경 대신들과 가타모리 등이 입궐.

1863년 9월 30일, 음력으로는 **8월 18일,**

새벽을 기해 아이즈 번병 1,800명, 사쓰마 번병 150명이 출동,
어소와 주변 대로를 모두 봉쇄.

사쓰마와 기타 여러 번이
동참했지만 결국
아이즈 번병이 주력이었죠.

아침
출근길에서야
조슈 세력은
상황을 파악.

정변이로구나;;

조슈 번병은 교토 경비에서 해임.
모두 조슈로 돌아갈 것.

산조 사네토미 등 親조슈 대신들은
모두 파직. 근신할 것.

조슈 병력 1,000여 명이
한때 아이즈 병력과
대치하는 상황이
벌어지기도 했지만,

결국 다음 날, 조슈 번병은 교토에서 철수.
산조 사네토미 등 親조슈 공경 대신 일곱 명도
조슈로 함께 내려간다.

298

그리하여—
'조슈의 교토 점거 폭주' 건은
대충 해결!

뭐, 교토 조정의 주도권을 잡은
사쓰마·아이즈·에치젠 등의 열번 그룹도
상대하기 만만한 건 아니지만.

그래도 일단은 한숨 돌린 거죠.

무력 충돌이
없어서
다행이네요~

정치판이 저렇게 개판이라
경황 없을 때가 많지만

그래도 이제 이리 짬 날 때마다 이런저런
개혁에 내실을 기하도록 합시다.

그런 차원에서
군함을 좀더
뽑으시죠!

대규모 제철소도
건설하시죠!

군함 봉행
가쓰 가이슈

계정 봉행(기재부장관)
오구리 다다마사

PS. 교토의 아이즈 번저에서는—

네놈들의 조폭 짓거리에
크게 실망하긴 했지만,

이번 거사에서 보안과 방첩,
시중 공작 등 미부로시구미의 공이
적지 않은 것도 사실이니—

상으로 깃발과
신센구미라는 이름을
하사하노라.
더욱 정진하도록!

어은이 망극하옵니다!

하지만 조폭 개짓거리
한 번만 더 걸리면 네놈 모가지만
따로 부를 줄 알아라.

Sanyo Council

8.18 정변 이후, 조정의 관백도
親막부파인 니조 나리유키로 교체되고

나님을 몰아냈던 親조슈파는
싹 쓸려나갔으니 말입니다~

二条斉敬
(역사상 마지막 관백)

역사상 What?

슬슬 나님도 사면·복권
조정 복귀 각이 나오는 듯~

이와쿠라의
조정 복귀 시도는
아사히코 친왕의
반대로 무산.

꿈 깨셔라!

8.18 이후 조정을 장악한 아사히코 친왕은
안세이 대옥 때, 이와쿠라의 농간으로
추방당한 원한을 잊지 않고 있다.

하여— 막말 공경 3걸은
모두 각자에 대한
원한의 삼각관계를
형성하고 있는 것.

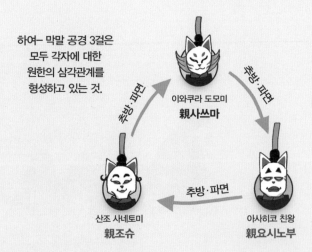

이와쿠라 도모미
親사쓰마

추방·파면

추방·파면

추방·파면

산조 사네토미
親조슈

아사히코 친왕
親요시노부

자, 이제 조정은 공무합체의 대의 아래 막부에 협치—

협치라면 역시 천하의 공의가 함께해야죠! 주요 번주들이 모여 과두 연립정권을 꾸립시다!

8.18 정변에 뜻을 함께한 주요 다섯 번— 사쓰마와 아이즈, 후쿠이, 도사, 우와지마.

주요 번주들이 모여 공의 협치하자는 건 예전부터 계속 개혁 의제로 강조되던 거 아닙니까?

흠, 뭐 그건 그렇지.

그리하여 다섯 번의 제후들과 쇼군 후견직 요시노부가 교토에 모인다.

사쓰마 국부
시마즈 히사미쓰

아이즈 번주
마쓰다이라 가타모리

우와지마 前 번주
다테 무네나리

에치젠 前 번주
마쓰다이라 슌가쿠

도사 前 번주
야마우치 요도

슌가쿠는 정사총재직을 던지긴 했지만 꾄들에게까지 인망이 있는 거물이고, 다테 무네나리는 서양 문물과 사정에 밝은 개화파죠.

아, 그리고 사쓰마는 1863년 11월에 막부의 중재로
영국과 강화를 맺었습니다.

도사 번의 야마우치 요도는 원래
親조슈 입장을 취하며
번의 존양지사 그룹인
도사 근왕당을 둥기둥기 해줬지만,

8.18 정변 직전,
反조슈 親막부로 돌아서며
도사 근왕당도 모조리 잡아다
처형해버립니다.

대충 그런 배경하에
1864년 1, 2월.
이 제후들이 교토로 집결.

아이즈 번
마쓰다이라 가타모리

에치젠 번
마쓰다이라 슌가쿠

에도

京

도사 번
야마우치 요도

우와지마 번
다테 무네나리

사쓰마 번
시마즈 히사미쓰

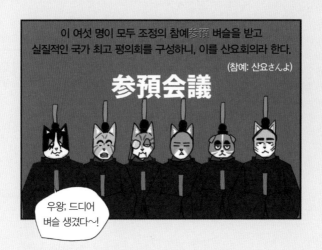

이 여섯 명이 모두 조정의 참예参預 벼슬을 받고
실질적인 국가 최고 평의회를 구성하니, 이를 산요회의라 한다.

(참예: 산요さんよ)

参預会議

우왕; 드디어
벼슬 생겼다~!

1864년 2월 1일,
간몬 해협에서
조슈 포대가
사쓰마 증기선
나가사키마루를
격침.

우리 엘리트 지도층에게는 조슈의 불복종과
양이전쟁이 미친 뻘짓거리로밖에 안 보이지만

다수 하급 무사들과 백성들에게는 조슈가 홀로 서양 세력에 맞서
일본의 자존심을 지키고 있는 그림으로 보인단 말이죠.

그런 분위기하에 막부와 제번 연합이 조슈를 친다면,

이는 서양에 맞서 고독하게 싸우는
조슈를 비열한 권력층이 통수 치는
그림으로 보일 수밖에 없죠.

그러니 지금은 때가 아닙니다.

조슈를 친다면 적어도 양이전쟁이 끝난 후, 천하가 납득할 만한 명분하에 움직이는 게 정석이죠.

쫄았냐? 와 봐. 짜샤. 안 오면 내가 간다.

다음 안건은, 양이 정책의 일환으로 추진 중인 요코하마 항구 폐쇄 건인데요–

요코하마 항구 폐쇄라니, 뭔 말도 안 되는 소리요?! 기각! 기각!

이제 와서 무슨 양이랍시고 요코하마 항구 폐쇄 어쩌고 헛소리가 나옵니까?!

아, 이게 꼭 양이를 세계 하겠다는 게 아니라 말이죠–

그리 양이 운운하다가는 일본 전체가 가고시마처럼 잿더미가 될 거요!

내가 당해봐서 알아요!

에도

요코하마

요코스카

우라가

폐하의 양이에 대한 강력한 의지가 양이전쟁을
외치는 자들의 강력한 명분이 되어왔잖습니까.

예아!
양이전쟁
ㄱㄱ!

반년 내로 양이~

아, 양이가 꼭 전쟁이 아니라
협상을 통해서도 이룰 수
있는 것이죠~

그 의지를 어떻게든
희석시켜야죠.

폐하의 양이 어명을 받들어
요코하마 항구 폐쇄 협상에
들어갔잖습니까요~ 헤헤~

So, 양이전쟁의 대안으로
요코하마 항구 폐쇄를 추진하는 건데
이걸 캔슬 하면 폐하께서
엄청 삐지실 겁니다.

폐하가 바보요?
그런 눈 가리고 아옹에
넘어가게?

그리고 이미 요코하마 항구 폐쇄
협상단이 파리로 출발했습니다.

아니, 그걸 우리랑
상의도 안 하고 보냈음?!

아, 산요회의 개시
며칠 전에 출발한 거거든요.

1863년 10월 14일, 요코하마에서
앙리 카뮈 소위 피살.

작년 10월에 있었던
프랑스 장교 살해 사건의
사죄 배상 건도 있고 해서
겸사겸사 보내게 된 거죠.

햇빛이 눈부시니까
죽어라! 이방인 놈!

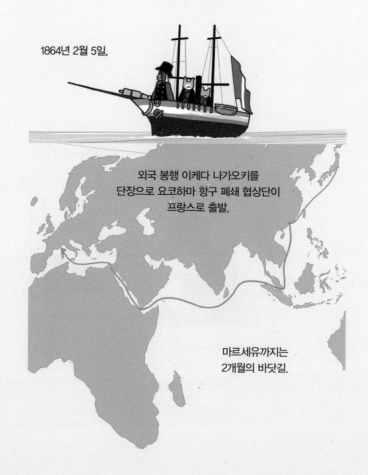

1864년 2월 5일,

외국 봉행 이케다 나가오키를
단장으로 요코하마 항구 폐쇄 협상단이
프랑스로 출발.

마르세유까지는
2개월의 바닷길.

중간에 이집트에 들러 피라미드에서 단체 사진도 찍고.

마르세유에서 파리까지 기차로 이동.

나폴레옹 3세도 알현,
예물 상납.

하지만
쇄항 협상은 실패.

에이~ 이제 와서
요코하마
항구 폐쇄라니
뭔 소리예요~

그런 농담은 됐고,
그 조슈 놈들이 막고 있는
간몬 해협 봉쇄나 빨리
해결해줘요.

아; 예; 그게; 저기;;;

음; 귀국하면 대충
파직 근신 처분받겠군;

그래도 기념 사진은
많이 찍어서 좋네요~

요코하마 쇄항 협상은 실패하고,
오히려 간몬 해협 봉쇄를
3개월 안에 해결하라는
파리 약정서를 들고 귀국하게 된다.

아, 그래, 실패했다고.
뭐 당연히 그렇겠지.

근데 사실 막부도
요코하마 항구 폐쇄에
그리 큰 의지가 없었음.

어차피 천황한테 보여주기용 쇼였기 때문에
이후 요코하마 쇄항 건은 그냥 흐지부지行.

막부가 사쓰마의 상식론을 묵살한 것은
그런 양이 퍼포먼스였을 것으로 여겨지는데—

이제 와서 양이는
무슨 얼어 죽을 양이;
요코하마 쇄항 얘기는
그냥 짬 시켜요;

천하 만민 여러분!
막부가 천황의 뜻을 받들어
양이에 나서는 걸 잘 보시오!
요코하마 항구 폐쇄한다~!

그 외에도 요시노부가
히사미쓰의 의견에 일일이 반대하며
각을 세우는 것은
그 개인의 정치적 포석인 측면도.

조슈 엄벌!

요코하마 쇄항
기각!

ㄴㄴ,
시기상조.

ㄴㄴ,
이미 쇄항 협상
진행 중.

점심 메뉴,
초밥!!

ㄴㄴ,
라멘 시킴.

히사미쓰에 대한 요시노부의
개인적인 혐오뿐 아니라—

아, 진짜! 요시노부 공,
나님이 밀어준 거 잊어버림?
우리 히토쓰바시파잖슴!

사쓰마 토인 서자 백수가
운 좋게 권력을 잡고
국부라 자칭하며 국정을
멋대로 주무르려 하다니.

저 혐성 어쩔;

뭣보다 히사미쓰가
에도로 군사를 이끌고 와서
막부를 협박했던 일을
막부 사람들은
잊지 않고 있기에,

막부를 능멸한
저 사쓰마 추장이랑
요시노부랑 같은 편 아녀?

ㄴㄴ, 저 히사미쓰
싫어합니다.

그럼 히사미쓰
개객기 해보세요.

히사미쓰 빠가야로
개쓰렉개객기.

막부 내
자신의 입지를 위해
요시노부는 히사미쓰와
같은 편이 아니라는 걸
확실히 보여줄 필요가 있었음.

국가적 차원에서도,
사쓰마는 사사로이
화폐를 주조하는 등
막부 경제 정책의
눈엣가시였고,

악화가~ 양화를~
구축할지 몰라도~ ♬
사쓰마 코인
탑승들 하세요~

크앗! 옛날 같았으면
무단 화폐 주조는
사형·개역인데!!

※ 개역: 영지 몰수.

일본 전체에 일원적인 막부 주도 관세 체제를 수립하려는
막부의 의지에 반해 사쓰마는 공공연히 대외 밀무역을 지속하며
번의 자율적인 교역을 추구하고 있다.

거, 일본이 콩가루 집안처럼
보여도 일단 한 나라입니다!

세관도 막부의 공식
세관 창구 하나로!!

세관

−라는 설도 있지만,
각 번에 개별적인 교역의
자유가 있다는 설도 있죠~♪

그런 여러 갈등 조건들 위에서
히사미쓰와 요시노부 간
감정의 골이 깊어지고.

아오~! 형님 유지 때문에 이 양반을
막부 권력 중심으로 밀어줬는데,
형님이 아주 사람
잘못 보셨습니다요!

아, 그 형님이
살아 계셨다면
가고시마가 잿더미
될 일도 없었겠죠?

314

자, 자, 나라의 최고 지도자 분들이 유치하게 투닥거리지들 마시고 한잔하면서 풉시다.

크르릉

아사히코 친왕이 양자를 중재. 화합의 술자리 주선.

1864년 3월 23일, 아사히코 친왕 자택에 산요회의 멤버들이 모여 술자리.

마케나이데 모오 스코시~♪

알콜 알콜   술톡 술톡

크핫, 다들 사쓰마한테 얼마 받으셨소?

그거 위폐니까 얼른 환전들하시는 게 좋을 거임 ㅋㅋ

허허; 요시노부 공, 취하셨소이다;

예로부터 천하의 혼란을 엿보는 시마즈 같은 건 늘상 있었소이다!

여기 이분들이 천하의 대간물·대오물 아니겠습니까?!

만취한 요시노부의 폭언 작렬.

크앱!!@#$%@%!!!
더는 못 받아주겠네!!!

일본 역사상 가장 중대한
술자리 와장창.

격분한 히사미쓰는 참예직을 사임.
사쓰마로 귀향하고, 다른 멤버들도 사임 후 귀향.

쒸익 쒸익

이래서 술로 뭘
해결하려 들면 안 된다고.

1864년 4월, 산요회의는
구성 2개월 만에 와해.

아니; 그럼 이제
앞으로 정국 운영은
어쩌시려고;;

까짓것,
우리끼리
잘해봅시다!

일단 요시노부는 4월 말,
쇼군 후견직을 사임하고 조정으로부터
금리어수위 총독직을 받는다.

윙?

황궁과 교토를 지키는
수위 총독직을 수행하겠습니다!

흠;;

이로써 막부의 이런저런 제약으로부터
살짝 거리를 둔 채, 교토에서 조정의 직함을
달고 정국을 운영하는 체제로 갑니다.

막부에는 어차피
나님밖에는 사람이 없고,

조정은 아사히코 친왕 채널을 통해
교토 현지에서 꽉 쥐고 가는 거죠.

이를 뒷받침할 물리력은 교토 수호 가타모리의 아이즈 병력과 교토 소사대!

교토 소사대
마쓰다이라 사다오키(17세)

구와나 번주, 가타모리의 동생

쿵;

요시노부의 교토 근거지

니조성 니노마루

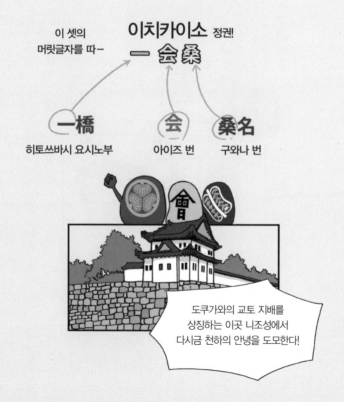

이 셋의 머릿글자를 따―

이치카이소 정권!

一会桑

一橋

히토쓰바시 요시노부

会

아이즈 번

桑名

구와나 번

도쿠가와의 교토 지배를 상징하는 이곳 니조성에서 다시금 천하의 안녕을 도모한다!

MEANWHILE

6월 교토 모처.

신센구미는 존양지사 후루타카 슌타로를 체포.

제15장

금문의 변

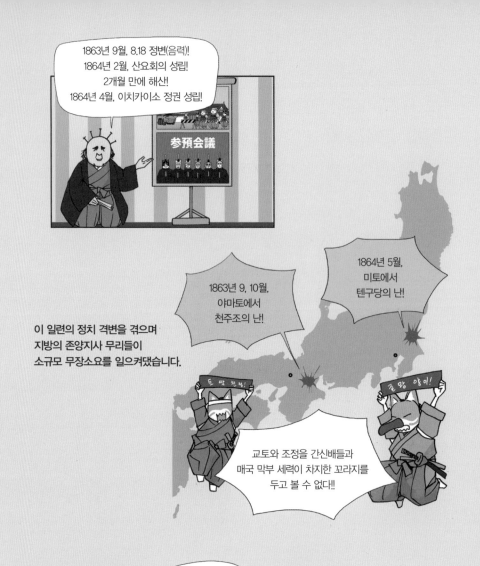

1863년 9월, 8.18 정변(음력)!
1864년 2월, 산요회의 성립!
2개월 만에 해산!
1864년 4월, 이치카이소 정권 성립!

参預会議

1863년 9, 10월, 야마토에서 천주조의 난!

1864년 5월, 미토에서 텐구당의 난!

이 일련의 정치 격변을 겪으며 지방의 존양지사 무리들이 소규모 무장소요를 일으켜댔습니다.

토막진격!

존왕양이!

교토와 조정을 간신배들과 매국 막부 세력이 차지한 꼬라지를 두고 볼 수 없다!!

물론 이런 지방 소요 정도는 간단하게 진압!

텐구당의 난은 다음 해까지 이어졌지만 결국 무자비하게 진압.

팅

하지만 이번에 교토 한가운데에서 적발된 음모는 그런 지방 소요들과는 차원이 다른 공포였으니!!

322

저 앞 페이지에서, 신센구미가 체포한
존양지사 후루타카 슌타로가 가혹한
고문 끝에 실토한 거대한 음모!

꺄아아아아아아악

조슈가 역습의 쿠데타를
계획하고 있드아아아!!!

아이즈 번주
교토 수호직
마쓰다이라 가타모리

금리어수위 총독
**도쿠가와
요시노부**

교토 소사대
구와나 번주
마쓰다이라 사다오키

황족 구니노미야
아사히코 친왕

이치카이소 정권 멤버들을
모두 암살 or 납치하고!

황궁에
불을 지르고!

천황을 납치해 조슈로 데려간다!

으어어어?!

조슈 존양쟁이들이 그런 무시무시한 음모를 꾸미고 있다고요?!

니조城

그런 황당한 쿠데타 계획이 과연 사실일런지?

그 신센구미라는 애들이 양아치로 악명 높다던데 고문으로 허위 자백 만든 걸 수도 있잖음?

아, 양아치 짓하던 초대 국장은 저번에 내부 숙청으로 목 날려버렸고,

1863. 10. 28. 세리자와 가모 참수.

신센구미의 새 수뇌부는 엄정한 기율을 강조하고 있습니다.

국장
곤도 이사미

부장
히지카타 도시조

오키타 소지

사이토 하지메

So—
신센구미의 정보 보고는 신용해도 좋을 것입니다.

하지만 조슈 존양지사들을
테러 음모 혐의로
때려잡으면 조슈 쪽에서
발광하지 않을까요?

조슈 놈들이 황궁 불 지르고
천황 납치하려고
했드아아~!

공안 사건
조작 쩌네!!
쓰$#$%!$%!!

조슈가
발광한다라….
재미있겠군요.

진행해보세요.

그리하여 1864년 7월 8일 밤 10시, 교토 산조 기야마치.

조슈 및 기타 제번 존양지사들이
거사 모의를 위해 집결해 있던
여관 이케다야.

공무 집행이다!

Drop the weapon !

신센구미!

영장은
갖고 왔나?!

챙캉 챙캉

신센구미와 존양지사들 간 격전이 벌어지고,

이후 아이즈, 구와나 번병 등이 추포 작전에 가세.

기도 다카요시는 잠시
옆집(쓰시마 번저)에 들른 덕분에 도주 성공.

다음 날 날이 샐 때까지 존양지사 일곱 명 사살, 스물네 명 검거.

아침, 신센구미의 복귀 행렬에 교토 시민들 대운집.
신센구미의 위명이 천하를 진동시키다.

조슈 놈들이
교토 불바다 만들려고
했디야~!

오오! 신센구미가 흉악한
음모를 막았구먼!

조슈 번 하기城

뭐가 어쩌고 어째?!
조슈가 교토 불바다 음모를 꾸며?!

저런 터무니없는
누명을 뒤집어씌워서
조슈 번사들을 죽이고
잡아들여?!!

카아아앗!!

교토 테러 모의 일당 일망타진

이런 조슈—발!
#@$%!#!!

이케다야 사건에 조슈 번정은 분기탱천!
강경 대응론이 대세가 된다.

당장 군사를 몰고
교토로 올라가서
이 원죄를 따집시다!

지난 8.18 정변 이래
조슈를 향한 이 모든
무고를 더는 참을 수 없소!

더러운 이치카이소 놈들—
막부의 개들 다 쓸어버려!!

과격파 3가로

마스다 치카노부
구니시 차카스케
후쿠하라 모토베

아니, 일단 어소 청원 게시판에
억울함을 호소하는
청원을 올려보는 게;;

결국 1864년 8월, 조슈는 2천 병력으로
교토 상경 거병을 강행!

다카스기 신사쿠는 끝까지
거병을 반대하며 방해 공작을
벌이다가 체포되어 가택 연금.

조ㅅㅠ망의
냄새가 짙다…

조슈 병력의 교토 입경을 앞두고 교토에서는 기도 다카요시가
어소 경비를 맡은 각 번 번저들을 돌며 로비전을 벌이고.

조슈 사람들이
싸우러 오겠다는 게 아니고
평화적으로 청원하러 오는 거니까,
모쪼록 무력 대응은 삼가해주시길~

신센구미의 체포안을
요리조리 피해 도망다니면서.

조정에서는 다루히토 친왕이 조슈의 입장을 변호.

억울함으로 사람 눈이 돌아가면
뭔 짓을 못하겠습니까. 저리 눈 돌아간
조슈兵의 입경 전에 부디 그 억울함을
살피는 조치를 취해주심이~

음? 아직도 조정에
親조슈파가 남아 있어?

가즈노미야의 前 약혼자

조정은 조슈兵의 상경을
불허하고 귀향을 명했지만,

와·울·하·옵·니·다으아아아아아

으어; 오지 마
미친 노먀;

京

타다다다다닥

조슈 병력은 육로와 뱃길로
계속 교토를 향해 다가오고.

제15장_ 금문의 변

329

이러면 나님이 교토 수비를 책임진 수위 총독으로서
교토 방위 작전 지휘에 나서지 않을 수가 없죠!

뭔가 신나
보이시네요.

교토 경비를 위해 파견된 여러 번병
여러분은 수위 총독의 지휘에
일사불란하게 따라주시기 바랍니다!

어; 음;

어쩔까;;

막부가 교토 방어를 위해 동원할 수 있는 병력은
3만 이상이라고 하지만, 교토 현지의
제번 경비 병력은 3천~4천 정도이고,
그중 확실하게 전투에 나서줄 병력은
어느 정도인지 장담할 수 없다.

······

그중에서도 사쓰마 병력의 향방이 매우 중요시되는데.

사이고는 유배에서
풀려난 후 중임을
맡게 되고.

교토의 사쓰마 병력은
조슈의 거병을
어떻게 맞이할 것인가.

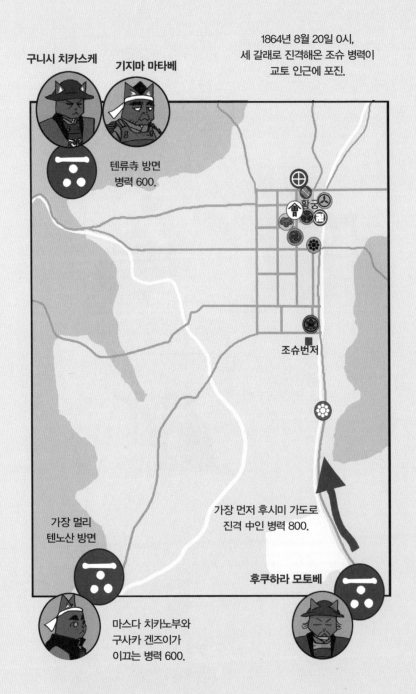

구니시 치카스케

기지마 마타베

텐류쿠 방면
병력 600.

1864년 8월 20일 0시,
세 갈래로 진격해온 조슈 병력이
교토 인근에 포진.

황궁

조슈번저

가장 먼저 후시미 가도로
진격 中인 병력 800.

가장 멀리
텐노산 방면

후쿠하라 모토베

마스다 치카노부와
구사카 겐즈이가
이끄는 병력 600.

후쿠하라 모토베 병력은 서둘러 조슈 번저로 들어가 진지를 굳히기 위해 후시미 가도 야간 행군.

여름에는 낮보다 야간 행군이 훨씬 수월하죠.

새벽 2시, 후시미 가도를 지키고 있던 오가키 번 병력과 조우.

아, 거, 수고하십니다. 우리 번저로 가기 위해 잠깐 지나가겠습니다~

ㄴㄴㄴㄴ, 당신들의 교토 입경, 불허되었다.

오가키 번병 지휘관 **오하라 데츠신**

어디 10만 석 턱걸이 오가키 따위가 조슈의 앞길을 막느뇨?!

강행 돌파!!

오지 마! 게벨 총 발사! 맞으면 아플 거다!

교전 중, 후쿠하라가
얼굴에 총상을 입고 리타이어.

이로 인해 후쿠하라 병력,
조슈 번저 진입 실패.

교토의 조슈 번저도 히코네 번병의
총포에 의해 봉쇄되어 거점화 실패.

하지만 이에 아랑곳 않고 덴류사 방면의
병력 600, 어소를 향해 진격.

여기까지 왔는데
황궁에서 인증샷 정도는
찍고 가야지!!!

후쿠하라 병력
교토 진입 실패

구사카 병력은
오려면 아직 멀었다.

해 뜨기 전에 어소로 돌입!
천황을 확보한다!

기지마 마타베(47세)

사쓰마 번저

아마데카와고문

구루메

이샤쿠시고문

구와나

나카다치우리고문

도쿠시마

오와리

어소
(황궁)

아이즈

도사

미토 기슈

會津

요시노부
사령부

하마구리고문

상황어소

테라마치고문

시모다치우리고문

다카스카사 저택

아노쓰

구마모토

사카이마치고문

후쿠이

히코네

조슈 병력은 나카다치우리고몬을 깨고
하마구리고몬 돌파를 위해 아이즈 번병과 격돌.

동틀 무렵, 조슈 측, 대포로 포격 개시.

황궁을 향해 대포를 쏘다니!!
천하에 이런 대역무도한
놈들을 봤나!!!

어이구, ㅅ#랄
오줌 눌 때 나침반 들고
황궁 방향 피해서
싸는 소리하고 자빠졌네.

황궁을 등지고 선 네놈들이야말로
천황을 인간 방패 삼은 역적이다!!

계속 포격을—

음?

사쓰마! 급히 오다!

황궁을 향해 포탄을 날리는
천하의 역적 놈들이 있다고요?!
충의 넘치는 사쓰마 무사들에게
맡겨주십시오!

아침,
사쓰마 병력,
조슈 병력의
측면에 등장.
공격 개시.

마타베, 가슴에 총상.

(후송 후 할복)

앞에서 깝죽대던 사이고도
다리에 총상을 입고 후송.

결국 하마구리고몬의 조슈 병력은 아이즈와 사쓰마에 의해 궤멸.

하~;; 마~ 구리구먼;;;

후시미 가도 방면군과
덴류사 방면군이 모두
궤멸당한 후,

구사카 겐즈이는
점심 무렵에야
교토 시내에 도착.

크윽;; 판세는 이미
절망적이지만 마지막으로
우리의 진의를 보여줘야 한다;;

구사카의 인솔 병력 대부분은 사카이마치고몬에서 저지되었지만,

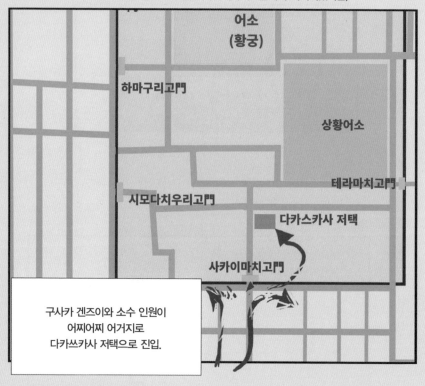

어소
(황궁)

하마구리고門

상황어소

테라마치고門

시모다치우리고門

다카스카사 저택

사카이마치고門

구사카 겐즈이와 소수 인원이
어찌어찌 어거지로
다카쓰카사 저택으로 진입.

스게히로 공, 지난번에 우리 조슈가
관백 자리에도 밀어드렸잖습니까!

아니, 왜
우리 집에;;

부디 조슈의 억울함을 호소하는
이 탄원서를 폐하께 전해주십시오!!

前 관백 **다카쓰카사 스게히로**

하지만 스게히로는 뒤도 돌아보지 않고 도망가고,
아이즈와 에치젠 번병의 포탄이 다카쓰카사 저택에 쏟아진다.

결국 불타는
다카쓰카사 저택에서
구사카 겐즈이는
조슈 학생
데라지마 주사부로와
함께 서로 칼을 찔러넣는다.

요시다 쇼인의
제자들 중
베드로 격이었던
구사카 겐즈이.
24세의 나이로
자결.

살아남은 병력은 결국 조슈로 퇴각하고
잔존 낙오병들은 신센구미 등에 의해 이틀에 걸쳐 사냥당한다.

조슈 측 전사자는 265명,
교토 수비 측 전사자는 아이즈 60명을 포함 97명이 전사.

다카쓰카사 저택과 조슈 번저 등을 태운 불길이
교토 시내 전체로 번지며 교토 대화재行!

사흘 밤낮으로 불이 이어지며
가옥 2만 8천 호 소실!

으어; 진짜로
교토 불바다네;;

세계 문화 유산인
교토 시내의 잿더미行은
안타까운 일이지만…

344

주요 사건 및 인물

주요 사건

견미사절단 미국 파견

1860년 2월, 미국과 일본이 1858년에 맺은 수호통상조약의 비준서 교환을 위해 일본은 방미사절단을 꾸린다. 이에 더해 다이로 이이 나오스케는 이 사절단의 감찰관인 오구리 다다마사에게 미국과 일본의 환율 불균형 문제를 해결하라는 특명을 내린다. 미국 태트널 제독이 이끄는 군함 포하탄 호를 타고 태평양을 건넌 견미사절단은 필라델피아 조폐국에 들러 일본의 화폐 교환비 문제를 실증하고 이에 대한 시정을 요구했으나 거절당한다.

나마무기 사건

1862년 9월 14일, 사쓰마의 국부 시마즈 히사미쓰가 에도를 한바탕 뒤집어놓은 후 귀향길에 나선다. 에도를 출발한 지 얼마 지나지 않아 요코하마 나마무기 마을에 이르렀을 때, 근처 고찰인 헤이겐지에 관광을 온 영국인 네 명의 행렬과 맞닥뜨린다. 이때 히사미쓰를 호위하던 사쓰마 번사들이 행렬에 난입한 영국인들의 무례에 분노하여 칼로 공격한다. 이 칼질로 상하이에서 온 영국 상인 찰스 리처드슨이 살해당하고, 나머지 세 명의 영국인은 근처 미국 공사관으로 피신한다.

사쓰에이 전쟁

나마무기 사건을 계기로 영국에서는 사쓰마에 대한 강경대응론이 대두한다. 1863년 8월 11일, 영국 함대가 가고시마 만에 진입, 사쓰마에 배상금 지급과 공식적인 사과, 범인 인도 등을 요구한다. 사쓰마 번정은 영국 함대와의 협상을 시도하지만 결국 양측 간 의견 차이와 오역 등으로 협상은 결렬된다. 무력 행사를 결정한 영국 측은 8월 15일 새벽, 사쓰마의 증기선 세 척을 나포, 이에 사쓰마 포대가 반격을 개시한다. 의외로 거센 사쓰마 측의 화력에 고전하던 영국 함대는 나포 선박의 예인을 포기하고, 배에 불을 질러 가라앉힌다. 고전 끝에 8월 17일, 영국 함대는 탄약과 석탄 부족을 이유로 가고시마 만에서 철수한다. 전투 과정에서 영국 함대가 가고시마 시내에 가한 포격으로 인해 가고시마의 가택 500여 호와 여러 관공서가 잿더미가 되었다.

산요회의

8.18 정변에서 아사히코 친왕과 뜻을 함께한 다섯 번—사쓰마·아이즈·후쿠이(에치젠)·도사·우와지마—의 번주들과 쇼군 후견직인 요시노부가 조정의 명에 따라 교토에 모여 진행한 국정 관련 회의 및 제도. 쇼군 후견직을 맡은 히토쓰바시 요시노부, 아이즈 번의 마쓰다이라 가타모리, 후쿠이 번의 마쓰다이라 슌가쿠, 도사 번의 야마우치 요도, 우와지마 번의 다테 무네나리, 사쓰마 번의 시마즈 히사미쓰 등이 모두 조정으로부터 참예參預 벼슬을 받고 실질적인 국정 최고 의사 결정 회의를 구성했기에 '참예(산요さんよ) 회의'라 부른다. 이 회의는 히사미쓰와 요시노부 간의 정치적 입장 차이에 따른 갈등으로 인해 구성한 지 2개월 만에 와해된다.

이에모치—가즈노미야 결혼

교토의 조정과 에도의 막부라는 이중 권력 구조에 대해 끊임없이 의문이 제기되어왔고, 이에 19세기 중반에 이르러 조정과 막부를 합쳐 권력구조를 일원화시키자는 공무합체 주장이 대두된다. 서양 세력의 도래와 존왕양이 운동으로 막부의 권위가 무너지기 시작하자, 막부는 공무합체를 활로로 삼고 이를 적극 추진해나간다. 이를 위해 이이 나오스케 정권 때부터 천황가와 쇼군가의 혼담 이야기가 나오고, 안도—쿠제 정권에 이르러 그 결실을 보게 된다. 고메이 천황은 쇄국 실행을 조건 삼아 이복 여동생인 가즈노미야 치카코를 쇼군 이에모치에게 시집보내는 데 동의한다. 이에 1861년 12월, 가즈노미야와 쇼군 이에모치의 결혼이 성립된다.

일본 은—금 환전 교환비 문제

1858년 미·일 수호통상조약을 통해 양국은 교역 결제 통화로 은을 사용하기로 합의했다. 당시 일본에서 사용하던 일분은화는 네 개당 덴포금화 한 개로 액면가를 정해놓고 있었다. 이는 은과 금이 무게당 약 5.4대 1의 교환비를 갖는 것이었다. 그러나 당시 국제 시세의 교환비는 은 15.3대 금 1이었고, 이러한 환율 불균형으로 인해 일본의 금이 해외로 대량 유출된다. 이는 일본 국내 화폐 개혁을 통해 해결해야 할 문제였지만 막부로서는 이를 수행할 만한 예산이 없었다. 때문에 견미사절단을 통해 미국에 교역 결제 통화의 조정을 요청해보지만 거절당한다. 결국 이 금 유출 사태는 시장 원리에 따라 일본 내 금 가격이 상향 조정되고 막부의 점진적인 화폐 개혁이 이루어지면서 1861년 무렵이면 잠잠해진다. 하지만 그 과정에서 일본에 유입된 막대한 은이 인플레이션을 불러 막말 민심 이반의 한 요인이 된다.

8.18 정변

1863년 9월 30일(음력 8월 18일), 구니노미야 아사히코 친왕이 아이즈 번병 1,800명과 사쓰마 번병 150명을 동원해 조슈 세력을 교토에서 축출한 사건이다. 조슈 번병들은 교토 경비에서 해임과 동시에 강제 귀향 조치를 당했고, 산조 사네토미 등 친조슈파 대신들은 모두 파직당하고 조슈로 망명길에 오른다.

주요 인물

가즈노미야 지카코和宮親子

고메이 천황의 이복여동생이자 도쿠가와 막부 제14대 쇼군인 도쿠가와 이에모치의 정실부인이다. 공무합체의 대의하에 쇼군가와 천황가의 결속을 위해 다루히토 친왕과의 약혼을 파하고 도쿠가와 이에모치와 정략결혼을 한다. 남편인 이에모치와의 사이는 좋았으나, 가즈노미야의 생모를 포함해 교토에서 데리고 온 일행과 에도성 오오쿠의 기존 인원들 간에 문화적·감정적으로 갈등이 많았고, 가즈노미야 본인도 덴쇼인과 고부갈등을 겪었다고 한다.

도쿠가와 이에모치德川家重

도쿠가와 이에사다의 뒤를 이어 등극한 제14대 쇼군이다. 난키파의 지지로 쇼군에 올랐으나 이이 나오스케 사후 난키파가 몰락하고 히토쓰바시파가 복권되면서, 섭정 격인 쇼군 후견직에 히토쓰바시 요시노부를 임명하게 된다. 나이가 어리고 병약하여 친히 정사를 주관하지 못했지만, 공무합체를 위해 가즈노미야와 결혼하고 막부 개혁을 위해 노력했다.

안도 노부마사安藤信正

1860년 3월, 사쿠라다 문 밖의 변으로 이이 나오스케가 사망한 이후 안도 노부마사는 동료 로주 쿠제 히로치카와 함께 정국 수습에 나선다. 이이 나오스케의 암살을 계기로 조정과 히토쓰바시파 등에 대한 강경노선을 폐기하고 유화책을 택한다. 공무합체의 대의를 위해 조정과 막부의 관계 개선에 노력했다. 이 과정에서 가즈노미야와 이에모치의 혼례를 주도한다. 그러나 1862년 2월 17일, 이 결혼에 불만을 품은 존왕양이파 미토 번 낭인들에게 습격을 받아 부상당한다. 노부마사를 습격한 여섯 명의 자객은 현장에서 모두 사살당하지만, '이유 없는 칼질 없다'는 사무라이 정서법과 뇌물 수뢰 의혹 등에 의해 노부마사는 1862년 5월 9일 실각당하고 낙향한다.

오구리 다다마사小栗忠順

미·일 수호통상조약의 비준서 교환을 위해 미국에 파견된 견미사절단에서 감찰관직을 맡았다. 감찰관 본연의 감찰 임무 외에 오구리는 비공식적으로 통화 교환비 문제의 협상 임무를 부여받고 미국으로 건너간다. 오구리는 미국 필라델피아 조폐국에서 일본과 외국의 은화와 금화 무게를 측정, 교환비 괴리로 이한 환전 과정의 불합리성을 실증해 보이고 교역 통화의 대체를 주장했다. 미국 측은 그 주장의 정당성을 일부분 인정했으나 통화 교환 문제가 합의에 이르지는 못했다.

증국전曾國荃

상군湘軍의 지휘관이자 청조 대신이며, 증국번의 셋째 동생이다. 상군의 주력 부대를 이끌었으며, 우화대 전투 이후 난징 주변 방어 거점들을 차례로 공략해 난징 포위망을 완성시킨다. 1864년 7월 19일 난징성을 함락시켜 태평천국 토멸의 일등공신이 된다. 하지만 그 성정이 포악하고 전쟁 과정에서 학살 등의 잔혹 행위가 많아 민심을 얻지 못했는지라 정치적으로는 크게 흥하지 못한다.

찰스 고든 Charles G. Gordon

영국의 육군 장교로 2차 아편전쟁 참전 후 중국에 주재하고 있다가 상승군 지휘관이 된다. 독실한 기독교 신자였던 고든은 상승군에 엄격한 도덕적 군율을 강제하여 기강을 잡는다. 이후 태평천국군과의 전투에서 승승장구하며 상하이 방면 전선을 승리로 이끈다. 1862년 12월, 쑤저우 공략시, 성내의 태평천국군에게 신분 보장과 선처를 약속하고 이들을 투항시킨다. 하지만 고든의 선처 제안을 무시한 이홍장은 태평천국군 장교단과 장병 1만여 명을 모두 학살하고, 이에 분노한 고든은 이홍장에게 결투를 신청한다. 이후 태평천국의 패망이 확실해질 무렵 상승군은 해산, 고든은 영국으로 귀국한다. 귀국할 때 청조로부터 공을 인정받아 명예 제독 벼슬을 수여받았다.

홍천귀복洪天貴福

태평천국을 건국한 천왕 홍수전의 아들이자 태평천국의 2대 천왕天王이다. 1864년에 홍수전의 뒤를 이어 천왕으로 즉위했으나, 당시 이미 난징은 포위된 상태이고 태평천국은 패망 직전이었다. 1864년 7월 19일 난징이 함락당했을 때 홍천귀복은 혼란을 틈타 난징성을 탈출, 후저우로 가서 숙부이자 스승인 홍인간과 합류하지만, 1864년 8월, 후저우마저 초군과 회군, 상첩군의 공격으로 함락당하면서 다시 도주의 길에 나선다. 결국 11월 18일, 관군의 손에 잡혀 처형당한다.

헨리 버지빈Henry A. Burgevine

미국 노스캐롤라이나 출신의 프랑스계 미국인으로, 태평천국군을 진압하기 위해 조직된 양창대의 부대장이었다. 양창대 대장이던 워드가 전사하면서 새 지휘관이 된다. 버지빈은 군사작전보다는 민간인 약탈과 인신매매 등의 수익성 전쟁 범죄에 몰두했고, 고용주인 상하이 당국에도 겁박을 일삼았다. 이에 상하이 방면 사령관인 이홍장으로부터 해임당하자 몇몇 수하와 함께 증기선에 각종 무기를 싣고 도주, 쑤저우의 태평천국군에 가담해 이홍장군에 맞서 싸운다. 그러나 쑤저우가 곧 함락당할 상황임을 눈치챈 버지빈은 2개월 만에 쑤저우에서 탈출해 상하이로 도망간다. 버지빈은 상하이에서 체포당하고 중국에서 추방되지만, 미국으로 돌아가지 않고 일본 요코하마에 몸을 숨긴다. 이후 1865년, 태평천국 잔당인 이세현에게 가담하기 위해 중국으로 밀입국을 시도했으나 아모이에서 청 관헌에 의해 체포당한다. 1865년 2월, 버지빈은 상하이로 압송되던 도중 강물에 빠져 사망한다.